두려움이
내 삶을
결정하게
하지 마라

두려움이 내 삶을 결정하게 하지 마라

초판 1쇄 발행 2024년 7월 17일

지은이   브렌든 버처드(Brendon Burchard)
옮긴이   정지현
펴낸이   최현준

편집   김정웅, 구주연, 강서윤
디자인   김소영

펴낸곳   빌리버튼
출판등록   제 2016-000166호
주소   서울시 마포구 월드컵로 10길 28, 201호
전화   02-338-9271
팩스   02-338-9272
메일   contents@billybutton.co.kr

ISBN   979-11-92999-42-5 (03190)

내 안에 잠든 잠재력을 깨우고 '나'다움을 되찾게 하는 9가지 인생 선언

THE MOTIVATION MANIFESTO

두려움이
내 삶을
결정하게
하지 마라

브렌든 버처드 지음

정지현 옮김

빌리버튼 billy button

나에게는 힘이 있다

위대해지고 싶다면 반드시 자신의 내면을 마주하고 삶의 의미를 물어야만 한다. 왜 나는 사자의 용맹함을 타고났는데 생쥐의 삶을 살고 있는가?

우리는 자신의 지치고 피곤한 눈을 똑바로 바라보고 물어야 한다. 나는 왜 진정한 내 모습을 세상에 드러낸다는 생각만으로 몸이 움츠러들고, 갈등이 보일라치면 혼비백산해서 내빼고, 고작 작은 성과만으로 만족하는가?

우리는 물어야 한다. 자연은 대담하고 단호하고 창조적인 사람들에게 무한한 자유와 힘과 풍요를 보장하는데 왜 나는 세상의 치열한 경주 속에서 평범함의 미로로 들어가

부스러기 같은 보상에 만족하면서 살아가는가?

우리는 물어야 한다. 안전하다고 느끼고 싶고 사람들에게 인정받고 싶은 욕구가 사실은 우리에게 족쇄를 채우고 있지 않은가? 나는 언제 더 가치 있는 존재가 될 것인가?

살다 보면 언젠가는 이 질문을 던지고 우리를 제한하는 믿음과 행동을 떨쳐버리고 신과 자연의 법칙이 선사한 힘을 완전하게 취해야만 하는 때가 온다. 인간이라면 누구나 갖고 있는 그 힘을 발휘하려면 먼저 단호한 인생 선언이 필요하다.

모든 인간은 평등하게 태어난다. 우리는 이것이 자명한 진리라고 생각한다. 하지만 모두가 평등한 삶을 살지는 않는다. 바로 의지, 동기부여, 노력, 습관의 차이 때문이다. 우리는 창조자로부터 생명, 자유, 행복 추구라는 양도할 수 없는 권리를 받았지만, 진정 활기차고 자유롭고 행복한 삶을 살기를 원한다면 경각심을 가지고 자신만의 원칙을 고수해야 한다. 인간이 가진 가장 큰 힘은 독립적으로 생각하고 목표와 감정과 행동을 스스로 선택할 수 있다는 것이다. 우리 마음에는 자유와 독립 본능, 스스로 방향을 결정하는 심리적인 성향, 성장 욕구, 원하는 삶을 선택하고 발전시키는 데서 느끼는 기쁨이 있다. 자유롭게 진정한 자신을 표현하고 무한한 꿈을 추구하는 것, 한마디로 '개인적 자유'를 경험하고자 하는 것은 인간을 움직이는 가장 큰 동기다.

개인적 자유를 위해 인간은 두려움과 관습, 혹은 대중의 생각에 통제당하면 절대로 안 된다. 우리는 스스로 삶을 지배해야 한다. 파괴적인 생각과 행동을 바꾸거나 제거하고 더 자유롭고 행복한 삶의 토대가 되어줄 새로운 습관을 만드는 것은 그 누구도 아닌 우리 자신의 책임이다. 우리가 가진 힘으로 사고방식과 세상과의 상호작용을 개선해야 한다.

우리의 힘과 독립심은 오랜 자기 억압과 사회적 통제로 약해졌다. 그런 삶을 집어던지고 힘차게 일어나 위대함으로 가는 문으로 거침없이 나아가는 것은 우리의 의무이자 권리이다. 우리는 언젠가 더 많은 기회와 행복과 행운이 주어질 것이라는 희망으로 오랫동안 고통을 견뎠다. 하지만 구원은 밖에서 오지 않는다. 우리는 계속 이런 삶에 갇혀있을지, 의식적으로 삶을 박차고 앞으로 나아갈지 결정해야만 하는 중요한 갈림길에 서 있다. 이 격변의 세상에서 내면의 평화를 찾고 우리가 마땅히 누려야 할 삶을 스스로 창조하는 자주성을 길러야 한다.

물론 이는 절대 쉽지 않은 일이다. 우리는 진정한 자신의 모습이나 자신이 가진 힘에 대해 잘 알지도 못하는 사람들에게 가치 있는 사람으로 인정받고 사랑받고 싶어서 스스로를 상처입히고 불행을 자초했다. 그동안 자신을 억누르기만 했다. 명확한 의지와 기준을 세우는 것을 잊어버렸고 자신의 욕망과 꿈에 대한 목소리를 내지 못했다. 의지를 갖고 무언가를 하지 않고 평범하게 살았으며, 참견하기 좋아하는 사람들이 내가 누구이고 무엇을 해야 하는지 결정하게 했다. 우리 삶은 바보들의 폭정에 시달렸다. 만약 그런 실수를 인정하면서 동시에 용기를 드러낼 수 있다면 아직 실현되지 않은 잠재력이 보일 것이다. 빛나는 새로운 길을 볼 수 있을지도 모른다.

그러니 우리의 삶을 바로잡자. 자기 자신에게 솔직해지자. 거울 속의 내 모습이 못나 보여도 인간의 보편적 진리와 개인적 자유를 선언할 시간이다. 우리는 너무 자주 무의식의 심연에 빠진다. 주변에 가득한 축복과 에너지를 보지 못하고 지금 이 순간의 중요성을 깨닫지 못한다. 지금 여기가 아닌 다른 곳에서 다른 일을 하고 싶은 듯하다. 축복과 기쁨으로 가득한 현재가 아니라 과거나 미래에서 살아가는 것 같다. 우리 삶의 적은 머나먼 죽음이 아니라 삶에서 단절된 바로 지금 이 순간이라는 사실을 잊어버렸다.

모든 힘을 손에 넣고 자유롭게 살아가고 싶다면 의식의 힘을 전부 다 현재의 경험으로 가져와 쏟아부어야만 한다. 내가 누구인지, 어떤 역할을 맡고 싶은지, 세상과 어떤 관계를 맺고 싶은지 스스로 정해야 한다. 이런 활기찬 자각이 없으면 자신은 물론 다른 사람들과도 관계를 맺을 수 없고 지금 이 순간에 필요한 것도 충족할 수 없다. 그러니 지금 바로 선언하라. 나는 현재에 집중할 것이다.

우리는 일상생활의 통제권을 잃었다. 끊임없이 주의를 산만하게 하는 것들 속에서 가치 있는 야망을 추구하는 데 필요한 철저한 자기 규율이 사라졌다. 다른 사람들의 모든 욕구에 반응해야만 한다는 강력한 욕구가 우리를 최면에 걸었다. 사방에서 우리를 잡아당기고 경박한 목표 때문에 의미 있는 일에 쏟을 시간이 흩어진다. 사랑하는 사람들의 욕구와 내 삶의 욕구 사이에서 어떻게 균형을 맞춰야 하는지 혼란스럽다. 가장 싸울 가치가 있는 것과 단절되었다. 매일 직장 업무 때문에 바쁘고 힘들지만 결코 인생을 걸 만한 일은 아니다. 마음을 설레게 하는 분명한 삶의 목적을 느끼지 못하는 사람이 대다수다. 우리에겐 아침에 일어난 순간부터 에너지를 불어넣고 하루 동안 적극적으로 움직이게 만드는 목적이 없다. 스스로 인생을 설계할 때 더 큰 기쁨과 힘을 느낄 수 있고 삶에 만족할 수 있다. 그러니 지금 바로 선언하라. 나는 인생의 의제를 찾을 것이다.

우리는 자연스럽게 자유를 추구하는 존재이지만 우리 안의 무언가가 그것을 방해한다. 그 방해물은 우리가 안전지대를 벗어나려고 노력할 때마다, 무서운 세상에서 진실하고 애정 많은 사람이 되기로 선택할 때마다, 내 자리를 잃을 수도 있는 위험을 무릅쓰면서 세상을 바꾸려고 할 때마다, 고생과 노력이 필요한 멋진 목표를 추구하려고 할 때마다, 칭얼거리면서 멈추라고 포효한다. 내면의 악마는 독약과도 같은 걱정과 두려움을 퍼뜨려 우리의 성장과 활력을 막는다.

우리의 운명은 우리가 의심과 미루기라는 내면의 악마를 얼마나 잘 아는지에 따라, 매일 그것들과 얼마나 잘 싸우는지에 따라 결정된다. 자기 통제력이 없으면 두려움의 노예가 된다. 자기 통제력이 있으면 초월과 위대함이 가능해진다. 그러니 지금 바로 선언하자. 나는 내면의 악마를 물리칠 것이다.

우리는 역량만큼 빨리 성숙하지 못하고 있다. 계속 멈춘다. 자신이 누구인지 알고 꿈을 선언하고 원하는 것을 위해 투쟁하고 사랑과 삶에 완전히 자신을 열어도 되는 날을 기다리고 또 기다린다. 안에서 용기가 샘솟기를, 잠재력을 발휘해도 된다고 세상이 허락해 주기만을 기다린다. 우리는 용기가 전적으로 개인의 선택이라는 사실을 잊어버렸다. 변화 추구에는 약간의 광기가 필요하다는 것을 잊었다. 만약 완벽한 조건이 마련되기 전이나 사람들의 허락을 받기 전에 행동하는 것이 비합리적이거나 무모한 짓이라면, 그래, 우리는 비합리적이고 무모해져야 한다. 의도의 총합이 아니라 행동의 총합이 나를 만든다는 것을 기억해야 한다. 자기 통제에서 나오는 대담한 목표 추구만이 우리를 구원할 것이다. 일어나 도약하고 진정한 위대함으로 높이 솟아오를 수 있게 해준다. 그러니 지금 바로 선언하라. 나는 거침없이 전진할 것이다.

우리는 지쳤다. 우리가 주변에서 보는 얼굴들은 축 처지고 힘이 하나도 없고 심각해 보인다. 주변에서 들리는 대화는 터전을 잃고 뿔뿔이 흩어지는 부족의 속삭임처럼 체념한 듯한 작은 목소리다. 세상의 감정 에너지가 점점 약해지고 있다. 다들 웰빙보다 부를 선호한다. 건강한 정신보다 성공을 중요시한다. 그 과정에서 일부는 삶과 세상에 냉담해졌다. 유능하고 자립적인 사람들의 신나고 생기 넘치는 열정은 어디 있는가? 웃음과 생기가 왜 사라져가는가? 무언가에 완전히 몰두한 사람의 맹렬할 정도로 활기 넘치는 열정은 어디에 있는가? 카리스마와 기쁨과 끌어당기는 매력으로 이글거리는 사람들은 어디 있는가? 삶의 불꽃에 대한 감사는 어디에 있는가? 우리는 삶에 대한 태도를 다시 돌아봐야 한다. 삶이라는 마법의 불꽃을 다시 피우는 것이 가장 중요한 임무가 되어야 한다. 그러니 지금 당장 선언하라. 나는 기쁨과 감사를 실천할 것이다.

우리는 살다가 힘들어지면 너무 쉽게 타협한다. 대부분은 싸워보지도 않고 개성과 진정성을 포기한다. 오만에 그 진실이 가려졌을 뿐이다. 자신에 대한 믿음이 강한 것처럼 보여도 그동안의 삶을 돌이켜보면 너무 빨리 포기하거나 뒷걸음질 쳐왔다. 우리는 편의상 또는 인기 때문에 망설이다가 자신이 진정으로 믿는 것을 포기한다. 하지만 어떤 이유로든 진정한 자아를 잃지 않는 것이 가치 있는 행동이다. 나약해지거나 충동을 따르지 말아야 한다. 무너지는 것을 강력하게 거부해야 한다. 커다란 용기, 사랑에 대한 헌신, 가장 고결한 가치와 일치하는 인품의 영역으로 올라가는 것을 선택해야 한다. 자유와 승리는 유혹 앞에서도 강하고 진실한 사람들의 것이다. 그러니 지금 당장 선언하라. 나는 나의 진실성을 지킬 것이다.

우리는 타고난 능력만큼 사랑을 주거나 받지 못하고 있다. 사랑을 그대로 느끼지 않고 걸러낸다. 이른바 "심장을 사수하라."라는 과잉 반응이 널리 퍼져서 사랑을 적으로부터 지켜야만 한다고 믿게 되었다. 우리는 상처받았을 때 사랑이 줄어들거나 훼손되었다고 느꼈다. 하지만 상처는 사랑과 아무 상관이 없다. 사랑은 고통에 영향을 받거나 흔들리지 않는다. 상처받는 것은 사랑이 아니라 자아다. 사랑은 신성하다. 사랑은 어디에나 있고 풍부하며 공짜다. 그것은 바로 지금 이 순간 우주에 흐르는 영적인 에너지다. 우리를 통해, 우리의 적을 통해, 우리 가족을 통해, 전 세계 수십억 명의 영혼을 통해 흐른다. 사랑이 인류의 삶에 없었던 적은 단한 순간도 없었다. 사랑은 우리의 가슴이나 관계에 속박되지 않으므로 소유할 수도, 상실할 수도 없다. 그저 사랑을 인식하는 우리의 능력이 약해진 것뿐이다. 우리는 그렇게 고통을 자초했다. 우리는 오래된 상처로 가득한 마음을 자유롭게 하고 사랑에 활짝 열려야만 신에게 받은 힘에 다가갈 수 있다는 사실을 깨달아야 한다. 상처받는 것을 두려워하지 않고 나눈 것을 반드시 돌려받기를 원하지 않는 마음으로 세상을 마주하는 것이야말로 인간의 가장 용감한 행동이다. 그러니 지금 바로 선언하라. 나는 사랑을 포기하지 않을 것이다.

인류는 대대로 이상과 미덕을 지키는 데 실패하고 있다. 한때 세상에 울려 퍼졌던 미덕과 진보, 이타심의 합창 소리가 흥얼거리는 평범함과 시끄러운 고음의 자아도취로 바뀌었다. 우리의 재능과 집단적 관심사는 개인의 숙달과 사회적 기여가 아니라 관음증이나 선정성에 낭비되고 있다. 우리는 타인의 잘못을 지적하지 않고 자신이나 타인에게 한결같은 진실성과 탁월함 또는 사랑으로 행동하기를 기대하지도 않는다. 전 세계적으로 리더십의 실패와 대중의 무관심, 정당화할 수 없는 가난, 비양심적인 탐욕과 전쟁으로 황폐해진 세상이 있을 뿐이다.

우리는 더 많이 요구하는 것을 두려워한다. 과거의 위대한 리더들처럼 갈 곳 모르는 사람들을 이끌고 세상에 이바지하는 용기 있는 도전에 나서지 못한다. 이래서는 안 된다. 도덕성이 오염된 환경에서 세상에 도전하는 것을 두려워하지 않는 소수의 명예로운 리더들이 나와야 한다. 역사는 행동의 결과로 만들어진다. 그러니 우리는 목적을 가지고 위대함에 이르러야 한다. 지금 바로 선언하라. 나는 위대한 미래를 설계할 것이다.

조급함은 우리를 휘두르는 주인이 되었다. 우리는 더 이상 고요함과 놀라운 충만감, 아름다움, 순간의 완벽함을 느끼지 못한다. 자기 감각과 주변 환경을 알아차리지 못하고 지금 이 순간의 마법에 눈과 귀를 닫은 채로 전력 질주하듯 살아간다. 우리는 기진맥진하고 스트레스 가득하고 현재와 단절된 상태로 모든 것을 놓치고 있다. 그 대가는 엄청나다. 정신없는 하루 동안 걱정과 불안으로 서두르는 순간들이 쌓여서 삶의 기쁨을 빼앗고 진정으로 살지 못하게 만든다. 마지막으로 마음껏 웃었던 때가 언제인지 기억하는가? 배와 목이 아프고 눈물까지 찔끔 나올 만큼 신나게 웃으며 환호했던 순간. 정말로 온전하게 살았던 순간. 그런 순간은 너무 드물어서 이젠 전설과도 같은 존재가 되어버렸다. 우리는 한 템포 늦춰야 한다. 순간에 충실하기 위해서, 순간을 최대한 길게 늘여서 제대로 음미할 수 있도록. 인생은 길고 의미 있는 순간들로 이루어지는 활기차고 깊이 있고 점점 커지는 모자이크와도 같다. 여름날의 더위를 피해 잠시 시원한 개울에서 쉬어가듯 오늘을 천천히 음미해야 한다. 지금 바로 선언하라. 나는 시간을 붙잡을 것이다.

인생에서 일어나는 문제들은 대부분 우리가 자초한 것이다. 하지만 그 사실을 자각했어도 큰 변화를 이루어 내지 못했다. 현실적인 목표를 세워도 봤지만 내면의 힘을 전적으로 잠금 해제하는 것이 두려워 의지가 약해져서 목표를 낮추었다. 있는 힘껏 노력했을 때도 주의가 산만해지거나 순응주의 문화의 비판 앞에서 꺾여버렸다. 그래서 우리는 목표를 이루기가 너무 어렵다고 불안과 분노로 불만을 표시했다. 삶의 부정적인 에너지가 대부분 변화의 필연적인 어려움을 경멸하는 것에서 비롯된다는 사실도 잊어버렸다.

인류의 이야기에서 반복되는 주제는 두 가지뿐임을 기억하자. 그것은 바로 투쟁과 진보다. 투쟁이 끝나기를 바라서는 안 된다. 투쟁 속에 진보가 들어있으니까. 불평하기 바쁘고 규율이 없는 작은 나, 쉽고 편한 것만 추구하는 나는 새로운 운명의 주인으로 어울리지 않는다.

우리는 냉담하고 편협한 사람들이 우리의 미래를 무너뜨리게 내버려 둬서도 안 된다. 사회적 압력이 우리의 잠재력을 죽이면 안 된다. 우리는 그들의 생각이나 판단은 중요하지도 않고 원하지도 않는다고 경고하기도 했다. 하지만 대개는 그저 혼자 불평하거나 사람들에게 친절하게 부탁하거나 더 나은 삶을 원하는 이유를 설명해 주는 식이었다. 그들의 관대함에 호소했다. 좀 더 부드러운 시선으로 보고 지지해달라고. 우리가 앞으로 나아가는 것을 반대하는 사람들과 맞서서 한편이 되어달라고. 하지만 그들은 우리의 진정한 목소리를 듣지 못할 때가 많았다. 가장 중요한 순간에 우리를 믿고 지지하고 응원해 주지 않았다. 우리는 더 이상 타인의 도움이나 허락을 기다려서는 안 된다. 평소에는 아군이고 친구라도 우리의 꿈을 방해한다면 적군으로 봐야 한다.

우리는 더 큰 활기와 기쁨, 자유를 누릴 수 있다. 세상에는 더 많은 감각과 더 큰 힘이 있다. 더 많은 사랑과 더 큰 풍요가 있다. 하지만 그것들에 다가가는 것은 전적으로 우리에게 달려있다. 우리 삶을 바꿀 수 있는 것은 오직 두 가지뿐이다. 새로운 것이 우리 삶에 들어오거나, 우리 안에서 새로운 것이 나오거나. 내 인생 이야기를 바꿔 줄 기회가 알아서 찾아오겠지, 생각하지 마라. 스스로 인생을 바꿀 용기를 내야 한다. 분명 방해꾼들이 있겠지만 더 이상 숨거나 작아져서는 안 된다. 우리의 꿈은 투쟁할 가치가 있고 지금이 자유와 영광을 위해 일어설 때임을 전적으로 믿자.

우리는 용기와 양심을 가진 자유인으로서 우리 삶이 자유롭고 독립적이라는 사실을 엄숙하게 공표하고 선언해야 한다. 우리는 그런 삶을 살 권리가 있다. 나는 선언한다. 나를 억압하거나 상처 주는 사람들에게 의리를 지키지 않아도 무죄이며 그런 관계는 완전히 끝내야 한다. 나는 자유롭고 독립적인 인간이므로 진정한 힘을 발휘하고, 꿈을 실현하고, 평화를 찾고, 부를 창조하고, 사랑하는 이들에게 사랑을 표현하고, 두려움 없이 세상에 기여하고, 위대해지기 위해 노력하고, 공동의 선을 위해 봉사하고, 동기부여가 된 인간에게 주어진 모든 권리를 행사할 수 있는 전권을 가지고 있다. 신의 섭리가 지켜주실 것을 굳게 믿고 나의 삶과 생명, 행운, 명예를 걸고 이 선언문을 지지하는 바이다.

CONTENTS

Motivation
Manifesto

PART 1

인간의 본성에 대해

1

자유에 대하여

나는 내 인격의 완전한 표현을 위해 자유를 원한다.

— 마하트마 간디Mahatma Gandhi

목적이 있는 활기차고 진실한 삶은 모든 인간이 누릴 수 있는 권리다. 하지만 대부분은 그 기회를 잡지 못한다. 우리는 사자의 운명을 타고났지만 쥐로 살아간다. 초원을 자유롭게 탐험하는 것이 아니라 초점 없는 작은 삶을 살고 있다. 삶에 대한 원대한 비전을 마음껏 펼치는 것은 모든 인간의 소명이다. 하지만 우리는 꿈을 힘껏 추구하기는커녕, 타고난 위대함에 조금도 미치지 못하는 하찮은 목표나 좇으면서 불평을 늘어놓고 남을 탓한다. 이것이 우리의 본성일까?

당연히 아니다. 우리는 야생적이고 독립적이고 자유로운 인간이고 가슴에는 삶에 대한 뜨거운 열정이 가득하다. 우리의 하루는 이래야 한다. 진정한 자신으로 살아가면서 모든 자유를 즐기고 의미와 목적, 유산을 추구해야 한다. 사회적 제약에서 벗어나야만 이런 하루를 살 수 있다. 도약하고 기지개를 켜고 잠재력을 마음껏 표현할 수 있다. 스트레스와 슬픔의 황무지에 갇힌 이들은 상상하지 못할 정도로 맹렬하고 치열하게 꿈이라는 사냥감을 추적할 수 있다.

그러니 우리의 목표를 잊지 말자.

인간은 개인적 자유를 찾고 경험하기를 원한다.

이것은 정치적인 발언도 아니고 서양 철학도 아니다. 전 세계 사람들이 진심으로 자유를 원한다는 사실을 부인하기는 어려울 것이다. 사회적 자유, 정서적 자유, 창조적 자유, 경제적 자유, 시간의 자유, 영적인 자유. 개인은 종류를 막론하고 모든 종교와 영성, 인생 철학을 자유롭게 추구하기를 원한다. 이렇게 말할 수 있다. 사람은 어떤 감정을 느끼고 싶든 그 감정을 느낄 자유를 원한다. 무엇을 창조하고 싶든 어떤 기여를 하고 싶든 그렇게 할 수 있는 자유를 원한다. 근무 시간이나 자유 시간에 무엇을 하고 싶든 그 시간을 쓰고 즐길 수 있는 자유를 원한다. 모든 정치적인 관점을 따르고 지지할 자유를 원한다. 이처럼 모든 욕망의 기저에는 그 욕망을 선택하고 실현할 수 있는 자유라는 더 큰 욕망이 자리한다.

스스로 목표를 정하고 달성하려는 선택은 삶에 활력과 동기를 부여한다. 그 선택을 가로막는 것은 두려움과 억압뿐이다.

궁극적으로 그것이 개인적 자유이다. 사회적 억압과 비극적인 자기 억압, 즉 두려움의 제약으로부터의 자유. 이런 것들로부터 자유로워지면 그 어떤 제약 없이 자신이 진정으로 누구인지 표현하고 진정으로 원하는 것을 추구할 수 있다.

개인적 자유를 경험할 때 진실한 자아감과 자신의 존재에 대한 기쁨도 커진다. 그 무엇에도 속박되지 않은 독립적이고 자립적인 존재라고 느낀다. 다른 사람들과 관계를 맺는 방식이나 세상에 이바지하는 방식에 진실성과 생동감이 도드라진다.

우리의 목표인 개인적 자유는 다음을 의미한다.

- 스스로 원하는 삶을 창조함으로써 자유롭게 사는 것
- 억압과 과거의 상처, 현재의 불안으로부터 지금 이 순간 자유로운 것
- 자유로운 영혼처럼 가볍고 자발적인 존재 상태
- 거절에 대한 걱정 없이 주변 사람들에게 자신의 생각, 느낌, 목표를 용감하게 말하는 것
- 자유의지에 따라 풍요로운 행복과 부, 건강, 성취, 기여를 추구하는 것
- 스스로 선택한 사람들을 마음껏 사랑하는 것
- 자신을 옹호하고 자신의 생각과 진실성을 보호하는 것
- 스스로 선택한 임무를 수행하는 것
- 우리 아이들이 억압에 용기 있게 맞서고 세상에 이바지하는 기회를 얻도록 자유의 토대를 쌓아주고 원하는 삶을 선택할 수 있는 자유의지를 심어주는 것

인간이라면 누구나 원하고 목표하는 바가 아닐까? 부정할 수 없는 사실이다.

수 세기 전부터 혁명가들, 인도주의자들, 철학자들, 영적 지도자들도 개인적 자유에 대한 인간의 강력한 욕망을 표현했다. 개인적 자유의 본질은 스스로 생각하고 생각을 말하고 행복을 추구하고 평화와 번영을 찾고 타인이나 자신의 작은 마음이 강요하는 순응을 거부할 수 있는 모든 인간의 양도할 수 없는 권리라고.

이것은 공포를 이용해 사람들을 억압하는 폭군을 제외하고 현대 문화와 정치 운동, 인간 연구의 영역에서 매우 보편적인 주장이다. 모든 개인은 두려움이나 상처, 감금 또는 독단적인 사회적 제약 없이 행복하고 평화롭게 삶을 개선할 수 있는 권리를 가져야 한다.

우리는 타인의 통제를 받을 때 삶이 빛을 잃어 우울하고 평범하게 전락해 버린다는 사실을 본능적으로 잘 알고 있다. 개인적 자유를 향한 노력이 없으면 우리는 어떻게 될까? 자유와 용기를 말하지 않을 것이고 순응을 경고하는 타인들로 이루어진 사회에 자유의지를 내어줄 것이다. 진정한 자아는 속박당하고 그저 대중을 흉내 낼 뿐인 길 잃은 가짜 자아가 모습을 드러낸다. '타인'이 우리 삶을 지배하기 시작하고 나는 더 이상 내가 아니게 된다. 타인의 선호와 기대를 따르는 걸어 다니는 좀비로 전락한다. 우리는 동일성과 슬픔의 황야를 정처 없이 헤매는 가면 쓴 영혼이 되었다. 지치고 쇠약해지고 본성을 잃었다. 인간 최악의 행동이 나온다. 자신이나 누군가를 대변하지 않고 남이 시키는 대로만 하는 것이다.

인류 역사상 가장 끔찍한 사건들은 바로 이 현실에서 나왔다. 권력을 쥔 엘리트나 교회들이 세상을 불태우고 영혼을 정화한다는 명목으로 인종과 계급의 대량 학살이 자행되었다.

수백만 명이 홀로코스트로 희생당한 이유는 세상이 행동하지 않고 구경만 했기 때문이다. 대다수의 무관심은 굶주림과 투쟁을, 개인의 자유와 권리를 존중하지 않는 폭도나 미치광이의 파렴치한 행위를 허용한다. 자유가 사라지면 모두에게 고통이 시작된다.

자유는 왜 이렇게 우리의 마음을 꽉 잡아당기는 것일까?

자유는 더 높은 의식의 차원으로 비상하려는 열망과 밀접한 관계가 있기 때문이다. 현재 상황에서 벗어나 목표와 잠재력, 최고의 자아를 실현하려는 자연스러운 욕망이다.

위대한 사람들의 삶을 가치 있게 만드는 모든 것–행복 추구, 도전, 진보, 창의적인 표현, 기여, 어렵게 얻은 지혜, 깨달음–은 더 고귀한 존재가 되고 싶은 욕망에서 비롯된다.

모든 인간은 더 높은 차원으로 비상하고자 하는 자연스러운 경향이 있다. 하지만 진정한 결단력을 발휘할지는 각자에게 달려있다. 자유는 오직 성실한 자유의지로 성취할 수 있다는 사실을 기억하자. 삶을 한 차원 끌어올리려면 투지와 투쟁과 용기가 필요하다. 노력하는 자에게는 삶과 역사의 모든 영광이 돌아갈 것이다. 과거 위대한 인물들은 사회적 억압 또는 자기 억압으로부터 자유로워지기 위해 엄청난 수준까지 자신을 단련했다. 그들은 투쟁 속에서 자유로워지는 법을 배웠다. 두려움에 굴복하지 않고 진정한 자신을 드러내고 세상에 보탬 되는 무언가를 만들었다. 그들은 순응하지 않고 세상에 봉사하는 동안, 심지어 재판받거나 교도소에 수용되었던 동안에도 독립적이고 고유하고 진실한 사람이 되는 법을 배웠다. 세계의 가장 고귀한 인물들은 바로 그런 개인적 자유의 토대 위에 서 있었다. 마하트마 간디, 빅터 프랑클, 마틴 루서 킹, 넬슨 만델라는 육체가 갇혀있는 동안에도 자유로웠다.

역사의 페이지를 돌아보면 자유의 상징적인 비유를 확인
할 수 있다.

용감한 혁명가는 자신의 신념과 독립 투쟁을 그만두는
것을 거부한 채 비계 위에 홀로 모습을 드러냈다. 우리가 기
념하는 모든 위대한 혁명도 자유의 상징이다. 수적으로 완
전히 밀리는 사람들이 아이들 세대라도 자유를 누릴 수 있
기를 바라며 죽음을 각오하고 무장 군대를 마주했다.

새로운 국가가 만들어지는 모습도 그렇다. 공중에서 폭
탄이 터져도 자유의 토대 위에 용감한 이들의 집이 지어지
고 있었다. 새로운 땅을 향한 경주도 그렇다. 새로운 삶을
꿈꾸는 용감한 이들을 태운 야생마들이 요란한 소리와 함
께 서쪽으로 달렸다.

자유는 미국 남북전쟁의 혼이기도 했다. 이웃들이 푸른
색과 회색으로 나뉘어 서로를 죽이고 피를 흘렸지만 같은
인간을 노예로 만드는 제도를 없애버리고 결국 하나가 되
었다.

땅에만 묶여있던 인간이 하늘을 날게 된 일도 자유를 상

징한다. 두 형제가 직접 만든 비행기로 중력의 굴레를 뛰어넘었다.

자유는 제1차 세계대전의 동인이기도 했다. 피와 진흙으로 뒤덮인 얼굴들이 집에서 수천 킬로미터 떨어진 곳에서 올리브색 옷을 입고 칼과 소총과 물통, 그리고 의무감과 명예, 애국심으로 무장했다.

히틀러와의 싸움도 마찬가지였다. 괴물 같은 분노로 수백만의 죽음을 초래한 그 사악한 독재자는 휠체어 탄 자유인이 이끄는 전 세계 국가들의 연합으로 마침내 파멸했다.

자유는 소리 내어 외친 위대한 꿈이기도 했다. 두려움과 편견에 사로잡힌 도시에서 수천 명이 곡괭이와 개, 소방 호스의 물결에 맞서 행진했고 또 수많은 이들이 자유가 울려 퍼지게 하자는 한 남자의 꿈에 귀 기울이며 언덕 위의 빛나는 도시로 행진했다.

그리고 자유는 인류의 대도약이다. 뚱뚱한 하얀 슈트를 입은 용감한 남자들을 태운 작은 금속 캡슐이 창공을 넘어 달에 착륙했다. 그들이 집으로 돌아왔을 때는 세상에 불가능이란 없다는 믿음이 생겼다.

자유는 베를린 장벽의 붕괴다. 자유를 갈망하는 수많은 사람이 인류를 갈라놓는 실질적이고 은유적인 장벽을 무너뜨렸다. 그리고 몇십 년 후에는 베를린에서 수천 킬로미터 떨어진 거대한 장벽이 우뚝 서 있는 다른 나라의 광장에서 한 남자가 자유의 권리를 주장하며 무시무시한 탱크를 막아섰다.

인류의 역사에서 이 장면들은 어떤 형태로든 자유를 위해 투쟁한 이들의 피와 눈물, 땀으로 얼룩진 채 영원히 기억될 것이다. 지금도 우리는 수많은 이들이 오직 자유를 위하여 행진하고 싸우고 목숨을 잃고 번영하는 모습을 보고 있다.

<u>인류의 이야기는 곧 자유를 쟁취하고 더 고결한 삶으로 비상하고자 하는 투쟁의 이야기다.</u>

폭정과 억압, 우리 자신의 어둠과 좁은 마음의 한계를 이겨내고자 하는 고귀한 욕망에서 우리는 인류에 대한 희망을 다시 발견한다.

역사의 어둠과 잔혹함 속에서도 희망을 발견하고 자유롭고 행복한 삶을 살았던 사람들은 단순히 돈이 많거나 운이 좋거나 명성을 지닌 이들이 아니었다. 그들은 양심과 용기를 지닌 이들이었다. 그들은 시대의 요구를 알고 있었고 그들의 운명이 주변 사람들과 함께 펼쳐지고 있으며 내면의 악마뿐만 아니라 세상의 폭군을 물리치려는 의지를 지켜야 한다는 것도 알았다. 그들은 노력과 인내심과 깨달음의 기나긴 행군을 이어갔다. 독립성과 권리와 방향을 자신 있게 주장했다. 그들을 인도해 주는 것은 내면의 목소리뿐이었다. 진정한 내가 되는 용기와 더 높은 목적에 에너지를 쏟는 자기 규율이 필요하다는 마음속의 선언이었다.

감사하게도 지금 우리는 그들의 본보기 덕분에 많은 사회적 자유를 누리고 있다. 전 세계적으로 정치적 자유가 계속 커지거나 요구되고 있다. 경제적 자유는 더 멀리 퍼져 나가고 비즈니스에서는 개성과 독특함이 가치를 인정받는다. 자유롭고 풍요로운 문화에서 우리가 당연하게 받아들이는 자유-흔하게 누리는 편의, 물리적 위협으로부터 안전, 교육과 의료의 접근성 확대-는 자유를 위해 헌신한 사람들 덕분에 가능했다.

따라서 우리는 물론이고 미래 세대도 개인적 자유의 추구에 대하여 이전 세대에 빚을 지고 있다. 매일 정신을 바짝 차리고 지금 이 순간이 매우 중요한 시간임을 의식해야 한다. 타인의 허락을 구하느라 위대함의 잠재력을 펼치지 못할지, 현실에 순응하지 않은 고귀하고 자유로운 사람들의 어깨를 밟고 올라설 것인지 결정해야 한다. 그들의 용기를 본받아 각자의 방식으로, 각자의 목소리로 앞으로의 도전을 향해 나가자.

자유에 대한 의구심

어떤 사람들은 자유가 너무 지나치면 오히려 역효과가 일어나지 않는지 의문을 제기한다. 평화와 번영의 오랜 황금시대는 세상을 더 나은 방향으로 바꿨지만 그 빛은 오히려 사람들의 영혼에 화상을 입히기도 했다. 풍요에 대한 과도한 노출이 나태함, 탐욕, 자아도취, 특권의식 같은 것으로 이어졌다.

하지만 그런 사람들은 정치적으로 자유로운 지역에 살고 있더라도 진정으로 자유롭지는 못하다. 그들의 끈질긴 악덕이 그들을 우리에 가두었기 때문이다. 권력이나 돈 그 자체에 굶주린 사람들이 그렇다. 그 갈망은 고통이다. 그들은 아무런 이유 없이 점점 더 많은 것을 원하는 끊임없는 욕망으로 괴로워한다. 성공하기 위해 가면을 쓰고 있으므로 자신이나 삶에 대한 확신이 없다. 그들의 마음 깊은 곳에 고인 눈물은 어떻게 하면 더 많이 가질 수 있는지, 왜 지금 더 많이 가지고 있지 않은지, 더 많이 얻으려면 누구에게 잘 보이고 어떤 사람이 되어야 하는지에 집착하게 만든다. 사랑받고자 하는 욕구로 고통받는 여자는 자기 집착에서 벗어나 진정한 기쁨을 느끼는 자유로운 순간을 맛볼 수 없다. 그녀는 젊음과 아름다움, 사회적 인정에 얽매인 노예가 되었다. 끝없는 욕망은 그녀의 눈을 멀게 해 성장의 가능성을 보지 못하게 한다. 그녀는 고립을 자처하며 진정한 자신을 표현하거나 더 높은 인식의 차원으로 끌어올려 주는 진정한 사랑을 느낄 기회를 내동댕이친다. 특권의식에 사로잡힌 사람들은 불행하고 끊임없이 불평한다. 자신에게 모든 것이 다 주어져야 한다고 믿는 사람은 더 많이 가진 이들에 대한 경멸과 시기심에서 결코 자유로울 수 없다. 특권의식에 사로잡힌 이들이야말로 가장 자유와 동떨어진 사람들이다. 세상이 자신에게 모든 것을 빚졌다는 어마어마한 착각에 사로 잡혀 있다.

이처럼 물질적으로 풍요롭고 정치적으로 '자유로운' 문화 속에서도 순응이라는 독재와 내면의 동요가 함께 존재할 수 있다.

그러면 다시 개인적 자유로 초점이 향한다. 정치적 자유나 경제적 자유가 존재한다고 대의명분이 사라지는 것은 아니다.

사회적 압력은 어떤 형태로든 항상 존재할 것이고, 우리가 현대인의 특징이라고 할 수 있는 게으르고 탐욕스럽고 자기도취적인 사람이 되지 않으려면 현대의 허영심에서 벗어나기 위해 노력할 필요성 또한 언제나 존재할 것이다. 우리는 항상 자기 숙달과 사회적 탁월함을 위해 노력할 필요가 있다. 그래야 진정한 자신을 표현하고 스스로 원하는 삶을 즐겁게 추구할 수 있다. 이것이야말로 우리의 일이다.

방해받은 명분

—

오직 적극적인 자기표현과 스스로 정한 목표를 추구해야
만 자유로워질 수 있다.

원하는 대로 생각하고 느끼고 말하고 행동할 때 진정한
나로 살아가며 행복해질 수 있다. 왜 우리는 이 사실을 잊어
버렸을까?

개인적 자유의 추구는 우리가 어렸을 때 시작되어 우리
의 신념을 형성하고 보호자의 지도와는 별개로 독립적인
행동 방향을 이끌기 시작한다. 아이가 엄마에게서 첫발을
떼고 혼자 안전하게 길을 건너고 먹거나 입거나 그리고 싶
은 것을 스스로 선택하는 것과 같다. 이런 아이의 모습은 독
립에 대한 욕구가 인간의 아주 자연스러운 성향임을 잘 보
여준다. 나이가 들면서 그 욕구는 더욱 뚜렷하고 강력해지
고 지적으로 변한다. 우리는 자신만의 방식을 찾고 꿈을 좇
고 한계를 무너뜨리고 타인의 허락 없이 사랑하고 제한 없
이 세상에 이바지하고 싶다고 의식적으로 결정하게 된다.

학교에 가고 연인과 헤어지고 위험을 무릅쓰고 새로운 커리어를 시작하고 사회적 운동에 참여하고 세상을 탐험하겠다고 스스로 결정한다. 자신의 주장을 펼치기 시작한다. 세상에 흔적을 남기고 싶기 때문이다. 이런 자연스러운 욕구는 절대로 사라지지 않는다. 문제는 비극적이게도 자유를 추구하는 과정이 주변 사람들의 방해나 자신의 두려움 때문에 계속 중단된다는 것이다.

이것이 지금 우리가 직면한 현실이다.

삶을 사랑하고 주변 사람들을 이끄는 자유로운 영혼의 대열에 합류하려면 사회적 억압과 자기 억압을 이겨내야 한다.

사회적 억압

우리가 마주한 가장 어려운 과제는 사회적 억압을 물리치는 것이다. 이것은 타인이 우리 영혼을 우리에 가두고 잠재력을 억누르는 것을 말한다. 누군가가 판단과 권력을 우리에게 부담스럽고 잔인하고 부당한 방법으로 행사하는 순간이다. 부모의 통제가 너무 심해서 진정한 자신이 될 수 없는 자녀. 원하는 대로 하지 않으면 사랑하지 않겠다고 위협하는 연인. 거짓으로 일관하며 진실을 말하지 못하게 위협하는 상사. 개인이 고유한 영적 믿음을 따르지 못하도록 압박하는 문화. 사회적 억압은 우리의 발목을 붙잡는 타인의 사소한 판단과 가혹한 비판, 비하적인 발언 또는 비합리적인 기대와 직간접적인 행동이다. 타인이 우리를 하찮고 무력하고 무가치하게 만드는 것이 바로 억압이다. 사회의 통제가 세운 인위적인 장벽이 모두 사회적 억압에 속한다. 배경과 계층, 종교, 인종, 민족, 성적 선호, 나이, 외모로 개인을 제약하는 부조리한 비공식적인 규칙과 공식적인 관료 제도도 마찬가지다.

다르다는 이유로 조롱받거나 순응하도록 조종당한 적 있을 것이다. 갈등을 피하려고 내 진정성을 타협한 상황도 있었으리라. 다른 사람들과 어우러지기 위해 진짜 자신을 버렸다. 학교나 직장에서 '그들'처럼 행동하며 연기하기 시작했다. 얼굴에 가짜 미소를 띠고 남들이 가라는 길로 갔다.

따돌림이나 상처받을 수 있는 판단을 피하고자 최선을 다했다. 무엇보다도 우리는 안전과 수용, 소속감을 원했다.

사회적 억압은 우리를 작아지게 만들고 스스로 정한 목표를 추구하지 못하도록 막는다. 하지만 적응력이 뛰어난 사람일수록 이 과정을 제대로 자각하지 못한다. 그런 사람들은 대개 인간관계에서 성공을 거두지 못하거나 진정성이 없다. 또한 너무 뻔한 성격으로 바뀌고 자발성과 진정성을 잃어버린다. 그들은 거울에 비친 자신을 더 이상 알아보지 못한다. 개성은 사라지고 집단적 선호가 희화화된 모습에 불과하다. 자유로운 인간이라면 절대로 그렇게 되기를 원하지 않을 것이다. 그러니 우리는 언제나 경각심을 가지고 순응하고 싶은 마음을 거부해야 한다.

개인적 자유의 큰 적이긴 하지만 순응이 가져다주는 안정감을 과소평가할 수는 없다. 사회적 구조와 보상은 개인에게 무언가를 명령한다. 나아갈 방향을 확신하게 해주기는 한다. 남들과 똑같은 미리 정해진 길을 따라가면 올바른 길에 놓여있다는 신호를 받을 수 있고 사람들의 인정도 따라올 것이다. 하지만 직함이나 승진, 자문위원회, 대중의 환호가 우리에게 진정한 의미를 주지는 않는다. 그 길이 내 길이라는 굳건한 믿음으로 남들을 따라갔다가 어느 날 갑자기 나에게 하나도 중요하지 않다는 사실을 깨닫는다면 어떻게 해야 하는가?

그런 질문을 던지고 순응이라는 새장을 흔들면 우리 삶은 큰 위험에 빠진다. 새장에서 벗어나 자유로워졌지만 앞으로 어떻게 해야 할지 확신하지 못한 채 혼자라는 사실을 발견한다. 지금까지 알았던 모든 것에서 떨어져 나왔다. 갑작스러운 불확실성은 우리를 제자리에서 꼼짝도 못 하게 만들 수 있다. 만약 완전한 자유가 주어진다면 나는 무엇을 할 것이고 어디로 갈 것인가, 일상적으로 어떻게 행동할 것이며, 무엇이 나에게 의미를 줄 것인가? 이런 질문은 큰 공포를 일으킬 수 있다.

불확실함에는 취약성과 외로움의 위험도 따라온다. 비록 우리를 제한할지언정 안전함을 느끼게 해주는 새장 밖으로 나와서 취약해진다. 게다가 여전히 새장에 갇힌 이들은 자유로워진 이들을 같은 구성원으로 여기지 않는다. 이렇게 타인의 기대를 거절하면 인간이 느끼는 가장 큰 공포가 찾아온다. 고립되거나 버려질 것이라는, 남보다 열등하다는, 사랑받을 가치가 없다는 두려움이다.

하지만 타인의 규칙에 얽매이면 다른 위협이 따른다. 사회가 좋으라고 말하는 보상을 좇으면 우리의 진정한 자아에서 멀어진다. 돈을 벌려면 전통적인 방식에 따라야 한다는 말에 자신만의 작품 세계를 버려야 했던 예술가가 얼마나 많은가? 얼마나 많은 재능 있는 사람들이 만족스럽지 않은 역할에 맞추기 위해서 자신의 장점을 외면했는가? 사회의 인정을 얻고 더 많은 돈을 벌 수 있는 길을 가기 위해 꿈을 포기한 사람들은 얼마나 많은가? 정신을 바짝 차리고 있지 않으면 타인(부모, 교사, 배우자, 팬 등)의 목적이 우리의 목적이 되어버리기 쉽다. 무언가 새로운 것을 추구하려고 할 때 타인의 생각에 휘둘릴 수 있다. 타인의 의미가 개인적인 의미를 찾으려는 우리의 여정을 속박할 것이다. 그러니 조심해야 한다. 타인과 문화 때문에 자신을 잃을 수 있다. 자유롭고 진정한 인간이 아니라 타인의 생각에 휘둘리는 노예가 될 것이다.

내 삶이 아닌 남의 삶을 사는 것보다 더 큰 불행이 있을 까?

우리는 사람들과 어우러지고 그들을 기쁘게 해줄지, 아 니면 개인적 자유라는 고귀한 동기를 추구할지, 어려운 선 택을 해야 한다. 하지만 다음의 사실을 깨달을 정도로 성숙 해진다면 선택은 쉬워진다. 개인적 자유를 선택한다고 해도 자신이 속한 문화나 사랑하는 사람들과 완전히 동떨어지는 것은 아니며, 사회로부터 고립되지 않는다는 것 말이다. 우 리는 자신에게 진실할수록 세상과 더 긴밀하게 이어지고 더 많이 이바지할 수 있다. 자유롭고 자발적이고 진실한 사 람이 될수록 강력한 동기가 부여되고 더욱더 살아있는 느 낌이 든다. 우리에게 끌리고 함께하고 싶어 하는 사람들도 늘어난다.

자기 억압

안타깝게도 대부분의 억압은 타인이 아니라 우리가 전혀

의심하지 않는 곳에서 비롯된다. 바로 우리 자신이다.

자기 억압은 부정적인 생각과 행동으로 자신을 제한하는 상태를 말한다. 이것은 우리 안에서 일어나는 일이다. 끊임없는 의심과 걱정, 두려움, 주의 산만으로 정신에 큰 짐을 지운다.

스스로 실패의 원인이 되고 싶은 사람은 없겠지만 대부분 우리가 실패하는 가장 큰 이유는 자신 때문이다. 미숙한 생각과 활력을 빼앗는 나쁜 습관이 문제가 된다. 결국 그 누구도 아닌 내가 나의 행복을 억누른다.

어떤 식으로든 자신을 제한하는 것은 명백한 자기 억압이다. 밖에 나가 세상을 탐험하는 것이 불안해 집 안에만 있거나 불확실함을 견디기 힘들어 중요한 과제나 신나는 새로운 도전을 미룬다. 사실은 절제력이 부족해 작품을 완성하지 못하면서 완벽해야만 세상에 내놓을 수 있다는 생각으로 자신을 속인다. 우리는 자신에게 거짓말하고 결심을 어기고 멀어지는 꿈을 지켜보기만 한다. 이쯤 되면 명백하지 않은가? 우리의 가장 큰 적은 자신이다. 하지만 우리는 구원자가 될 수도 있다. 진정한 나를 적극적으로 표현하고 몸과 마음을 꾸준히 단련해 앞으로 나아가면 마침내 우리가 마땅히 누릴 자격 있는 자유와 기쁨을 경험할 수 있다.

이것이 우리가 개인적인 성장을 추구하는 이유이다. 스스로 초래하는 고통에서 자유로워지고 더 나은 선택을 하기 위해, 자신이 어떤 사람이 되어가고 있는지 잘 알기 위해, 사회적인 상황에서 더 자신 있게 행동하기 위해, 창의성을 완전하게 발휘해 세상에 이바지하고 큰 변화를 이루기 위해. 이렇게 볼 때 개인적 자유란 자기 의심과 자기혐오를 버리고 강하고 고유하고 진정한 내가 될 수 있도록 허락한다는 뜻이다.

진정한 자신으로 살아가는 자유가 있어야만 자신에 대한 믿음을 되찾을 수 있고 성장과 숙달을 통해 잠재력을 발휘하고 경험과 상호작용과 진정한 기쁨과 해방감을 얻고 동기가 부여된다.

자유롭고 건강한 인간의 가장 뚜렷한 특징은 진정성과 성장이다.

우리는 이 사실을 기억하고 스스로 생각하고 질문하는 책임과 용기를 가져야 한다. "나의 야망, 관심, 애정과 행동은 진정으로 내 선택에서 나온 것인가? 나는 진정한 나로 살아가고 나에게 정말로 중요한 것을 추구하고 있는가? 나는 잠재력을 최대한 발휘할 수 있도록 변화와 도전에 열려 있는가?"

이 질문에 대해 생각해 보면 개인의 힘은 개인의 책임과 직접적으로 관련되어 있다. '자유'가 책임을 포기하거나 저버린다는 뜻이기를 바라는 사람들도 있겠지만 진실은 완전히 다르다. 물론 "만약 자유롭다면 모든 책임으로부터도 자유로워야 하지 않는가?"라고 생각할 수 있다. 하지만 개인적 자유는 그때그때 기분 내키는 대로 뭐든지 할 수 있다는 뜻이 아니다. 순간적인 욕구에 따라 행동하고 재미나 즐거움을 위해 주변 사람들에게 잔인하거나 무책임하게 굴어도 된다는 뜻이 아니다. 그런 것은 무의식적인 충동과 강박의 노예라는 뜻밖에 안 된다.

자유에는 즉각적인 충동과 욕구, 사회적 압력에 휘둘리지 않고 어떤 사람이 될 것인지 선택하는 책임이 따른다. 그래야 진정으로 되고 싶은 나를 표현하고, 진정으로 살고 싶은 삶을 살고, 원하는 유산을 남길 수 있다.

만약 원하는 인품과 행동, 유산을 자유롭게 선택하지 않으면 다른 것의 통제를 받게 되고 자유를 누릴 수 없다. 자신의 신념과 행동을 스스로 책임지지 않으면 누군가 혹은 다른 무언가가 주도권을 잡고 우리는 노예로 전락한다. 따라서 우리가 어떻게 해야 하는지는 분명하다.

자유로워지고 싶다면 자신의 신념과 행동을 의식하고 책임감을 느껴야 한다.

자유롭다는 것은 모든 책임에서 벗어난다는 뜻이 아니며 투쟁이 완전히 사라진다는 뜻도 아니다. 당연히 누구나 고통과 한계로부터 해방되기를 원한다. 역설적이지만 우리는 고통에서 해방되기를 원하면서도 잠재력을 발휘하고 성장하고 변화를 위해 삶에 불편함을 더하는 데 개의치 않는다. 무언가를 얻기 위해 기꺼이 고통을 감수한다. 그래서 사랑하는 이들을 돌보기 위해 피곤해도 아침 일찍 일어나고, 도움이 필요한 이들을 돕기 위해 기꺼이 시간을 내고, 옳은 일을 위해서 옳지 않은 고통스러운 상황을 참아낸다.

따라서 개인적 자유는 단순히 고통에서 벗어나는 것이

아니다. 자유롭게 살고 삶을 진정으로 즐기고 성장한다는 뜻이다. 우리를 제한하는 나쁜 것들로부터 벗어날 뿐만 아니라 우리를 일깨우는 좋은 것들을 경험하는 자유이다.

오래전 인류는 기본적인 동물의 본능을 초월했다. 우리는 이성, 판단력, 지성을 발견함으로써 고통을 피하거나 쾌락을 추구하는 단순한 육체적 본능 이상의 것을 선택할 수 있었다. 즉각적인 즐거움보다 의미가 더 중요하다는 사실을 깨우쳤다. 멘토, 영웅, 스승, 생존자, 지도자, 성자, 전설로부터 우리는 가장 좋은 순간에 기쁨을 포기하고 고통을 참을 수 있어야만 자유와 의미, 사랑, 초월이 가능하다는 것을 배웠다.

우리는 고통으로부터 자유롭기를 원하지만 의미 있는 투쟁과 시련을 찬미할 것이다. 그것이 우리를 현재의 삶에서 해방해 한 단계 높은 삶으로 끌어올려주기 때문이다.

우리는 고통이 꼭 필요하며 영웅의 길이기도 하다는 것을 알고 있다. 고통과 시련을 위대함의 문을 여는 통과의례로 보아야 한다. 따라서 개인적 자유는 계몽적이고 낭만적이고 영웅적이고 시적이지만 누가 뭐래도 현실적이다. 그것은 초월에 대한 인간의 욕망이다.

이 초월성, 개인적 자유가 인간의 주요 동기인 이유는 그것이 인간 경험의 궁극적인 욕구이자 목적지이기 때문일까? 살아가는 동안 우리는 더 많은 선택의 자유와 번영을 추구한다. 진정한 자신을 표현하고 사랑하는 사람들에게 더 많은 기회를 제공하기 위함이다. 그리고 생의 마지막 순간에는 우리 영혼이 신의 궁극적 자유로 들어가고 그동안 겪었던 모든 고통에서 해방된다. 우리는 죽음과 함께 그 광활한 자유 속으로 해방된다.

헌신적인 추구

개인적 자유를 얻고 유지하려면 자기 숙달self-mastery에 헌신해야만 한다. 고유한 자아와 고유한 길에 충실하기로 선택하고 내적 동기를 끌어내고 단련해야 한다.

이 점을 기억한다면 자신이 왜 어떻게 행동하는지 혼란

스러워할 필요가 없다. 진실이 마음 깊이 새겨지도록 한 번 더 강조하자. 그러면 더 이상 자신의 행동이 우연이거나 답답한 미스터리처럼 느껴지지 않을 것이다. 진실은 바로 이것이다. 인류의 모든 결정과 행동은 개인적 자유에 대한 소망에서 나온다. 우리는 시련, 고통, 두려움, 불안, 결핍에서 벗어나기를 원한다. 억압에서 벗어나 진정한 내가 될 수 있는 자유를 원한다. 지금 이 순간의 놀라움과 자발성, 자신의 고유한 정신을 감지할 수 있는 자유. 삶이 나아갈 길을 스스로 선택하는 자유. 꿈을 추구할 자유. 판단도 조건도 후회도 없이 공공연히 사랑할 자유. 자신이 믿는 대의명분에 시간과 에너지, 자원을 쏟을 자유. 미래의 평화, 열정, 번영을 경험하고 즐기는 자유. 한마디로 자유는 우리가 하는 모든 행동의 가장 기본적인 동기다.

우리가 궁극적으로 추구하는 것이 개인적 자유라는 사실을 알면 스스로 목표를 세우고 달성할 수 있다. 그러니 이제 개인적 자유가 인간의 원동력이라는 사실을 완전히 자각하고 행동하고 야망을 품을 때도 그 원동력을 기억해야 한다. 자유의 울림이 더 크게, 더 가까이에서, 더 개인적으로 퍼지게 하자. 대담하고 헌신적으로 자신을 표현하고 이상적인 삶을 구축하자.

자유로워지려면 많은 노력이 필요하다는 것은 지극히 당연하다. 세상에 순응하지 않고 꿈을 따라가면 약간의 불협화음을 경험하게 될 것이다. 힘껏 노력하는 과정에서 개인적인 투쟁과 희생, 두려움과 불행이 따른다. 진정한 자아와 꿈에 헌신하는 모습이 다른 사람들의 화를 돋울 수도 있다. 관계에 금이 가고, 우리의 전진을 막으려고 제한하는 사람들과의 사이에 무력이 개입될지도 모른다. 괴롭히고 방해하는 이들에 맞서 싸우고, 관계를 끊고, 부정적인 영향을 주는 직장을 그만두고, 다른 이들의 기준에 반박해야 할 수도 있다.

절대로 쉽지 않을 것이다. 그러니 앞으로 일어날 일에 대해 미리 알아두는 것이 좋다. 내가 어떤 사람이고 어떤 삶을 원하는지 확실하게 선언할 필요가 있다. 우리가 삶에서 수행하는 역할을 자각하고, 주인 정신을 가져야 한다. 그동안의 일상을 뒤집고 목표에 대한 완전한 통제권을 쥐어야 한다. 그리고 우리의 위대함을 가로막는 내면의 적을 물리치는 용기가 필요하다. 안전지대에서 벗어나 있는 힘껏 앞으로 나아가려는 의지가 필요하다. 기쁨과 감사의 마음가짐도 있어야 한다. 시련을 마주했을 때는 절대로 자신의 진정성을 타협하면 안 된다. 또한 아낌없는 사랑을 베풀어야 영혼이 비상할 수 있다. 위대함을 목표로 세상에 봉사하고 사람들을 이끌고 세상에 흔적을 남겨야 한다. 그뿐만 아니라 모든 순간에 깃든 광활함과 자유를 느껴야 한다. 이 모든 것을 하기 위해 우리는 새롭고 대담한 인생 선언이 필요하다.

모든 에너지를 쏟아 개인적 자유—활기와 의미로 가득한 진정한 삶—로 나아가는 것을 인생의 목적으로 삼아야 한다. 동기를 끌어내 그 고귀하고 가치 있는 명분과 일치시켜야 한다. 마음 구석구석에 자유의 가치가 울려 퍼지게 하자. 우리가 스스로 선택하는 생각과 행동에서도, 우리가 영향을 미치는 모든 관계에서도, 가장 높은 차원의 자아에 이르고 세상에 이바지할 수 있게 해주는 매일의 하루와 행진에서도, 자유로운 영혼에서 싹튼 희망 가득한 꿈에서도.

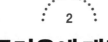

2

두려움에 대하여

용감한 사람은 자유롭다.

― 세네카Seneca

두려움은 우리에게서 자유를 빼앗는다. 위대함을 파괴한다. 우리는 이 사실을 잘 알고 있다. 두려움을 물리치려면 마음을 길들여야 한다는 것도. 하지만 두려움 때문에 원하는 삶을 외면하면서 무력한 어린아이처럼 행동하는 어른이 얼마나 많은가. 사회적으로 억압받는 이들은 이렇게 말한다. "모르는 소리 하지 마세요. 항상 다른 사람들이 내 앞길을 가로막아요. 남들이 나를 판단하고 거부할까 봐 꿈을 좇는 것이 두려워요." 스스로를 억압하는 사람들은 "모르는 소리 하지 마세요. 실패할까 봐 꿈을 좇을 수가 없어요. 내가 부족한 사람일지도 몰라서."라고 한다. 이것은 두려움에 사로잡힌 이들의 파괴적인 생각이다. 활기 넘치는 삶을 원한다면 무력한 아이 같은 모습을 내려놓고 두려움을 똑바로 마주 보고 깨달아야 한다. 두려움은 그저 우리 자신의 위대함을 방해하는 작고 편협한 생각을 부채질할 뿐이다.

이것은 깨어있는 인간이 가장 먼저 깨우치는 사실이기도 하다. 치명적인 포식동물이나 정신 나간 인간에게 쫓기거나 죽음을 비롯한 바로 눈앞의 신체적 위험에 직면하지 않은 이상, 두려움은 그저 우리가 마음을 제대로 다스리지 못해서 생기는 결과일 뿐이다.

오늘날에는 자격증을 가진 소위 전문가가 넘쳐난다. 하지만 그들 중 다수는 실제로 자신의 인생을 바꿔본 경험도 없으며 두려움이 긍정적인 감정이라고 우리를 속인다. "두려움은 자연스러운 것이다." 또는 "약간의 두려움은 더 열심히 노력하는 동기를 부여한다." "두려움은 훌륭한 인품을 길러준다."라고 말한다. 하지만 대부분은 틀린 말이다. 두려움은 인류의 빛을 훔치는 도둑이다. 두려움은 우리가 고통과 위험 혹은 투쟁으로부터 도망칠 수 있게 해주는 본능이기도 하지만 조심할 필요가 있다. 두려움은 이익이 아니라 해가 되는 경우가 훨씬 많다. 두려움을 긍정적인 것으로 포장하려는 사람들은 의식을 중요하게 여기지 않는다. 두려움을 친구로 여기고 감추려는 것은 늑대를 억지로 애완동물로 만들려는 것과 다를 바 없다. 분명 잡아먹힐 것이다.

두려움을 통제하겠다는 선언은 자유를 향한 첫 번째 위대한 도약이다. 우리의 생명력, 성장, 운명은 모두 두려움을 극복하라고 요구한다. 아직 많은 것이 불안정한 상태이니 우리는 두려움이 무엇인지 더 잘 이해할 필요가 있다.

두려움은 회피 동기에 속한다. 두려움은 더 높은 목표에 헌신하는 데 도움이 되지 않는다. 위대함을 꿈꾸는 데도 도움 되지 않는다. 두려움의 목적은 오로지 위협, 긴장, 고통으로부터 즉각 벗어나는 것뿐이다.

원래 두려움은 신체적 상해와 죽음을 피하기 위한 동기로 우리에게 주어졌다. 그런데 우리는 그것을 자아를 보호하기 위한 도구로 바꿔버렸다. 오늘날 우리가 경험하는 두려움은 대부분 물리적 위협과는 아무런 관련이 없다. 신체적 안전의 욕구가 감정적으로 편안함을 느끼려는 자아 주도적인 욕구로 변해버렸다. 원래 두려움은 단기적인 특성을 띠지만 우리는 인정 욕구를 충족하기 위해 두려움을 힘든 상황을 피하게 해주는 장기적인 도구로 만들었다. 결국 두려움은 감정적인 연약함을 떠받치는 목발이 되었다. 힘이 회복되기 전까지는 목발에 전적으로 의존할 수밖에 없다.

우리는 두려움에 관해 이야기하는 것을 좋아하지 않는다. 왜냐하면 두려움은 우리가 도망치려는 것이 실제적인 위험이 아니라 사실은 우리 자신이라는 추악한 진실을 드러내기 때문이다. 현대인의 걱정거리는 두려움을 잘못 사용해서 생긴 결과물이다. 오늘날 우리가 경험하는 거의 모든 두려움과 두려움에 따르는 비겁한 사고와 행동은 제대로 살펴보지 않은 욕구와 조건화가 만들어 낸 상상에 불과한 사회적 드라마일 뿐이다. 현대인은 맹수에 잡아먹히는 것이 아니라 거절당할까 봐, 고립될까 봐, 버려질까 봐 두려워한다. 이런 사회적 두려움은 의도적인 연습으로 극복할 수 있다.

"나는 사람들 앞에서 말하는 것이 두렵다."라는 말은 청중석의 누군가가 갑자기 신체적인 위해를 가할까 봐 걱정스럽다는 뜻이 아니다. 실패가 두렵다는 뜻이다. 실질적인 안전이 아니라 감정적인 편안함의 문제이다. 따라서 좀 더 정확하게 말하면 이렇다. "내가 어떤 감정을 느낄지, 나 자신이나 나를 무대에 세운 사람들을 실망시킬까 두렵다. 내가 사람들의 눈에 어떻게 보일지 두렵다. 잘하지 못할까 봐 두렵다. 당황해서 할 말이 생각나지 않을까 봐 두렵다. 존중받지 못할까 봐 두렵다." 여기에서 표현의 특징을 한번 눈여겨보자. "두려움이 나를 지배한다."가 아니라 "나는 두렵다."라는 형식을 취하고 있다. 한마디로 '나', 즉 자아가 중심이다.

자유로운 자기표현은 쉽지 않은 일이므로 누구나 고군분투하고 최선을 다하고 싶어 한다. 우리는 세상이라는 무대에서 언제나 진정한 나를 보여줄 수 있는 힘을 사랑한다. 하지만 단련되지 않은 사람에게는 자기 숙달이나 타인을 돕고자 하는 욕구보다 두려움이 훨씬 크고 강력하고 급박하다. 두려움은 가장 높은 차원으로 비상하고 위대한 변화를 만들고자 하는 자아의 고귀한 추진력을 방해한다. 두려움에 사로잡히면 천사들의 노랫소리보다 개 짖는 소리가 더 잘 들린다. 어떻게 해야 할까?

두려움의 대가

—

두려움을 길들이려면 먼저 그것이 우리 삶에 끼치는 끔찍한 영향력을 알아차려야 한다. 두려움이 동기로 작용하면 우리는 어떻게 되는가? 정서적 중심과 정신적 인격을 잃는다. 생각이 어수선해지고 불안감으로 가득 찬다. 모든 의식적인 사고와 지능, 행동이 자기 보호에 집중되므로 강인함과 개방성이 제한된다. 진정한 자기표현이 멈추고 꿈을 이루기 위한 행동력도 마비된다. 두려움이 항상 존재하도록 내버려 두면 야망과 행동이 작아지고 제약을 받는다. 소심해지고 스트레스가 커지고 회피 성향이 심해지고 겁쟁이가 된다. 두려움이라는 우리에 갇힌 것들은 질식하고 이내 죽어버린다.

이것은 철학적인 토론이 아니다. 두려움이 개인적 자유의 추진력을 지배하도록 허용하면 실질적인 피해가 발생한다. 어떤 사람들은 두려움의 노예가 되어 항상 무력감과 열등감을 느끼고 너무 쉽게 포기한다. 자기 목소리를 내지 않으므로 항상 타인에게 상처받는다. 오직 안전함을 추구하고 최선을 다하지 않는다. 물려받은 땅은 있지만 용감하게 나서서 땅을 차지하지 않는 나약한 사람이 된다. 한 마디 저항도 없이 잔혹한 행위가 계속되는 것을 지켜보기만 한다. 역사의 가장자리에 서 있을 뿐 자신의 흔적을 남기지 않는 사람들이다. 두려움 때문에 변화와 혁신을 외면하고 사업에 실패한다. 두려워서 솔직한 속마음을 드러내지 않고 대화를 피해서 결국 결혼생활이 파탄에 이른다.

사회적 차원에서 인류가 저지른 최악의 만행은 모두 두려움에서 비롯된다. 두려움에 휘둘리는 사람들은 공포와 불신에 빠지고 종종 타인을 미워하게 된다. 두려움 때문에 자기 보호가 과도한 수준으로 심해져서 타인에게까지 힘을 행사하려고 한다. 자신과 다른 이들의 존재에 큰 위협을 느끼므로 편견이 심해지거나 폭군이 된다. 두려움에 사로잡히면 반인륜적인 행위를 저지르는 대량 학살자가 될 수도 있다. 권력을 잡는 데 방해되는 자들을 두려워하고 싫어하는 칼리굴라, 무솔리니, 빈 라덴 같은 이들이다. 로베스피에르,

아이히만, 호메이니, 히틀러, 스탈린, 아민이기도 하다. 역사적으로 항상 같은 이야기가 펼쳐졌다. 이런 권력자들은 자신의 강점을 활용해서 모두에게 이로운 일을 하는 것이 아니라 자신과 다른 사람들을 이해하지 못하고 가치를 인정하지 않고 핍박했다.

개인의 일상에서나 세계 무대에서나 두려움이 진보와 개인적 자유를 가로막는다는 것에는 의심의 여지가 없다. 안타깝지만 역사적으로 두려움이 이끄는 대로 행동한 사람들이 많았다. 그들은 두려움을 내려놓고 마음을 바로잡지 않았다. 두려움을 길들일 수 있는 의식적인 선택을 하려고 노력하지 않았다.

회피 vs 상승

▬

두려움은 우리가 허용해야만 우리를 지배할 수 있다. 대개 우리는 두려움을 활성화할지 활성화하지 않을지 직접 선택할 수 있다. 미치도록 달리고 싶어도 달릴지 말지 선택할 수 있는 것처럼 말이다. 소방관은 사람들을 구하기 위해 거대한 불 속으로 들어간다. 선장은 구명정의 자리를 다른 사람들에게 양보한다. 어떤 사람들은 두려움에 떨면서도 세상에 목소리를 낸다. 두려움이 아니라 용기를 선택하는 것이 도저히 불가능한 일처럼 느껴질 수도 있지만 인간은 누구나 자신의 욕구를 통제할 수 있다.

생각을 단련함으로써 욕구를 통제할 수 있고
나의 감정과 반응은
오롯이 나만의 책임이라는 사실을 받아들이면
인간의 정신이 크게 성숙할 기회가 열린다.

받아들이기 어렵지만 사실이다. 우리 삶에서 두려움이 지배적인 이유는 우리가 강해지거나 대담해지거나 위대해지려는 욕망이 아니라 두려워하는 쪽을 선택하기 때문이다. 다시 일하고 싶지만 자신이 가치 없는 사람일까 봐 두려워서 일자리를 알아보지 못하는 전업주부. 거절당할까 봐 연봉 인상을 요구하지 못하는 직장인. 주변의 시선이 두려워서 뮤지컬 배우라는 꿈에 도전하지 못하는 젊은이. 고도 비만 때문에 목숨이 위험할 정도로 건강이 나빠졌는데도 창피당할까 봐 두려워서 헬스장에 등록하지 못하는 사람.

대개 어른은 어떤 상황에서 두려움에 주도권을 내어줄 때 자신의 선택을 분명히 자각하고 있다. 아무나 붙잡고 물어보자. "저번에 나답게 행동하지 않았거나 진정으로 원하는 것을 얻기 위해 노력하지 않았을 때 두려움에서 나온 행동이었음을 알고 있었습니까? 그때 다른 선택권이 있다는 것을 알았습니까?" 분명 이런 대답이 나올 것이다. "네. 내 생각을 말하거나 더 용기를 내면 된다는 것을 알고 있었습니다. 하지만 사람들의 시선이, 상처받을지도 모른다는 사실이 무서워서 쉬운 길을 택했습니다."

다시 한번 분명히 말하건대 우리가 자유롭지 못하거나 자신을 있는 그대로 표현하지 못하거나 진정으로 원하는 것을 추구하지 못하는 이유는 상승이 아닌 회피에서 나오는 행동을 선택하기 때문이다. 한마디로 인생은 자유에 대한 욕망과 그 욕망을 파괴하는 두려움이 벌이는 전쟁과도 같다. 그 둘은 극명한 대비를 이룬다. 그 어떤 순간이든 우리는 두려움에 이끌려 행동하거나 자유를 위해 행동하거나 둘 중 하나다. 그 선택은 아주 중요한 것을 좌우한다. 개인과 사회의 성숙과 성장이 거기에 달려있다. 결국 그 싸움은 두려움이 이기거나 자유가 이기거나 둘 중 하나다. 원하는 삶을 살려면 이 점을 꼭 기억하자.

두려움이 이기거나 자유가 이기거나 둘 중 하나다.

자신에게 물어보자. "내 삶은 회피에 집중하는가, 상승에 집중하는가?" 전자는 두려움이 동기를 부여하는 삶이다. 시련이 닥쳤을 때 단기적인 안전과 자기 보호, 이기적인 편안함을 추구하는 편협한 삶이다. 반면 후자는 자유가 동기를 부여하는 삶이다. 자유가 진정한 인간성에서 장기적인 성장, 진정한 자기표현, 깨어있는 노력으로 나아가는 이유가 되어준다. 회피하는 삶은 약하고 제한적이고 순응적이며 고통받는 삶이다. 반면 상승하는 삶은 강하고 자발적이며 독립적이고 충만한 삶이다. 전자는 하찮고 한심한 욕구로 나타나고 후자는 완전한 의식과 용기와 자기 숙달에의 헌신을 요구한다.

두려움의 사회적 조건화

―

왜 어떤 사람들은 자유가 아니라 두려움이 더 큰 동기로 작용할까? 과거에 주변 사람들에게 영향을 받았거나 정신적인 능력을 제대로 활용하지 못해서 두려움이 무의식적으로 학습되었기 때문이다. 유전이나 성격적 특징이 평생 남보다 더 큰 두려움을 느끼며 살도록 만들지는 않는다. 유전적으로 불안 성향이 있더라도 정신 단련으로 그 스위치를 바꾸거나 끌 수 있다.

인간은 과거의 노예가 아니다. 의식적인 생각과 단련된 습관으로 자유로워질 수 있다.

두려움이 사회적으로 어떻게 학습되는지 이해하는 것부터 시작하자. 두려움에 사로잡힌 사람들은 과거의 상호작용 때문인 경우가 많다. 비판적인 부모, 또래의 괴롭힘, 편협한 교사나 상사가 그들을 소심하고 약하고 겁이 많은 사람으로 만들었다. 주변 사람들의 끊임없는 경고와 위해 때문에 두려움에 익숙해졌다. 두려움을 너무 자주 느끼다 보니 습관이 되었다. 두려움 가득한 과거가 오늘날 두려움을 동기부여의 원인으로 만들었다.

이 말은 과거를 탓하거나 두려움에 대해 변명하려는 의도가 아니다. 어른이 두려움을 선택한다는 것은 두려움을 관리하거나 극복하지 않는 쪽을 선택한다는 뜻이다. 두려움이 가장 기본적인 동기가 되었기 때문에 쉬운 일은 아니다. 마음과 자기 대화가 과거에 자신을 깎아내린 부모나 비판자들의 가시 돋친 말을 쉬지 않고 재생할 테니까. 하지만 다행히 우리는 그런 조건을 바꿀 수 있다. 책임감에 눈뜨면 비록 과거를 바꿀 수는 없어도 새로운 관점으로 바라볼 수 있다는 사실을 깨닫는다. 과거의 손아귀에서 벗어날 수 있다. 과거에 타인이 한 행동은 어쩔 수 없지만 두려움을 일으킨 사람들에게 내가 어떤 영향을 받고 있는지 깊이 이해해 보려고 시도할 수 있다. 삶을 앞으로 나아가게 하려는 위대한 노력은 결국 두려움의 스위치를 꺼버리고 삶을 어떻게 느끼고 해석하고 어느 방향으로 나아갈 것인지 직접 선택하는 자유를 활성화하는 순간에 시작된다.

한편으로 자기 숙달은 과거에 우리에게 두려움을 심어주었던 유형의 사람들을 오늘이나 내일 또 마주칠 수 있다고 예측하는 데서 나온다. 이 사실을 알면 우리의 자유를 침해하는 사람들을 경계하게 된다. 그들은 바로 걱정하는 자들, 나약한 자들, 드물지만, 사악한 자들이다.

걱정하는 자들

―

걱정하는 자들은 우리의 두려움에 불을 지피는 가장 큰 위협이다. 겉으로는 친구처럼 보이지만 우리의 동기와 운명을 훔쳐 갈 가능성이 가장 높은 사람들이다. 대개는 무척 가까운 사이다 보니 그들의 불안감이 우리에게 스며든다. 따라서 이들에 대한 반응을 제어하는 법을 배워야 한다.

대개 걱정하는 자들은 불친절한 사람들이 아니다. 그들은 자신이 우리에게 두려움을 일으킨다는 것도, 그들의 끊임없는 의심의 목소리가 우리의 잠재력을 억누른다는 사실도 전혀 모르고 있다. 그들은 우리에게 안전한 길을 선택하라고 제안하는 것이 배신행위와 다를 바 없다는 것을 알지 못한다. 이를테면 엄마가 지극히 제 또래다운 행동을 하는 자녀에게 순전히 애정 어린 걱정의 말을 건넨다. 직장 동료가 우리가 내놓은 아이디어의 나쁜 점을 구구절절 지적만 하고 세상을 바꿀 수도 있다는 점은 언급하지 않는다. 이별이 두려워서 연인과 다툼이 일어날 기미만 보여도 피하려고 한다.

이런 사람들은 깊은 배려와 사랑으로 상대방을 보호하는 것이라고 여긴다. 사랑하는 마음에서 나온 신중한 조언이라고 말이다. 상처받지 않도록 지켜주려는 좋은 의도에서 자신들이 잘 아는 바람직한 방향으로 상대방을 인도한다고 생각한다. 우리의 부모, 친구들, 또래, 연인, 이웃, 리더가 바로 이들이다.

이것은 우리가 사람들과의 관계에서 마주하는 매우 어색한 현실이다. 우리를 아껴주는 만큼 노골적으로 반대하는 사람들에게 가능성이 가로막히지 않도록 조심할 필요가 있다.

그럼 어떻게 해야 할까? 의심과 걱정, 불안에 귀 기울이되 타인의 두려움이 우리의 의사결정에 영향을 끼치지 않도록 해야 한다. 의식이 깨어있는 사람은 비교적 쉽게 이런 예리함을 키울 수 있다. 보통 걱정하는 자들이 비슷한 언어와 논리를 사용하는 탓이다. 그들은 신중한 이성을 우리를 '보호'하는 방패로 사용한다. 그들이 주로 사용하는 차분한 어조와 표현은 대개 비슷하다.

"조심해, 그러면 다칠 수도 있어."

"조심해요, 어떻게 될지 모르잖아."

"조심해. 해고당하거나 잊히거나 거부당하거나 미움받거나 괴롭힘당할 수도 있어."

"정말 그렇게 하고 싶어?"

"분명 후회할 거야."

"그건 너답지 않아."

"그러면 안 돼."

"그건 너랑 어울리지 않아."

누구나 한 번쯤 들어본 적 있는 말일 것이다. 너무 시끄럽거나 너무 무모하거나 너무 열심히 열정을 추구하거나 너무 갑작스럽게 미지의 영역으로 뛰어들면 안 된다고 우리를 설득력 있게 타이르는 사람들을 우리는 너무나 잘 알고 있다. 그들은 그 누구도 아닌 우리 주변의 침착하고 믿음직스러운 사람들이다. 우리가 위험을 감수하거나 남들과 다르거나 창의적이고 활기 넘치고 대담한 선택을 하려고 하면 그들은 상처받거나 당황하거나 지칠 수 있다고 현실적으로 설명하고 조언해 준다. 분명 그들은 냉담한 사람들이 아니다. 그들은 마땅히 해야 할 일을 하는 것이라고 생각한다. 실제로 우리를 보호하기 위해 최선을 다하는 따뜻하고 지혜로운 모습으로 보인다. 하지만 선한 의도를 가진 아군이 사실은 우리의 꿈을 가로막는 적군일 수도 있으니 주의해야 한다. 사랑하는 사람들의 걱정으로 숨이 막혀서 끝내 날아오르지 못한 이들이 얼마나 많은가?

걱정하는 자들을 경계하지 않으면 우리의 가능성과 잠재력이 가로막힐 것이다. 사랑하는 가족과 친구들이 의도치 않게 우리의 비전과 노력을 제한하지 않도록 하려면 어떻게 해야 할까?

그들의 우려를 너그럽게 해석할 필요가 있다. 그들은 우리에게 부정적인 영향을 끼칠 수 있다는 사실을 자각하지 못하고 있을 가능성이 크다. 그들은 위험이나 해악을 먼저 생각하라고 알려주고 싶어 한다. 따라서 걱정하는 자들에게 나쁜 감정을 품으면 안 된다. 상승보다 회피를 선호하는 사고방식에 갇혀있을 수도 있는 그들에게 인내심과 이해를 보여주어야 한다. 두려움이 그들을 움직인다는 사실은 어쩔 수 없지만 절대로 합류하지 말자.

우리가 할 수 있는 일은 신뢰하는 사람들의 말에 귀 기울이고 실질적인 위험을 최대한 냉정하게 예측하는 것이다. 하지만 서로 잘 알지도 못하는 사이인데 자신의 신념으로 우리의 가능성을 제한하려고 하는 사람들에게는 마음을 닫아야 한다. 그들의 좁은 생각을 용서하고 그 너머의 광대한 지평선을 보아야 한다. 진정한 나를 표현하고 진정한 열정을 추구할 때는 부정적인 결과를 걱정하지 말고 오히려 어떤 멋진 일이 생길까를 생각하자.

두려움이 아니라 자유에 집중하자.

따라서 경계를 분명하게 정할 필요가 있다. 걱정하는 자들에게 관용을 베풀어서는 안 된다. 역사적으로 위대한 사람들은 모두 이런 결론에 이르렀다. 아무리 친절해도 우리에게 두려움을 주입하는 사람의 말은 깊이 생각할 필요가 없다. 의욕과 사기가 떨어진다. 명확하고 생기를 불어넣어 주는 꿈이라면 걱정 가득한 가족과 친구들을 신경 쓰지 말고 힘차게 앞으로 나아가자. 슬픔과 희생이 따라도 어쩔 수 없다. 타인의 불안이 우리의 추진력을 꺾어버리게 내버려 둔다면 억압에 굴복하는 것이다.

약한 자들

우리가 예상해야 할 다음 유형은 위대함의 목표에 꼭 필요한 노력과 시련에 대해 부정적으로 말하는 나약하고 게으른 사람들이다.

"게으른 사람의 말에 귀 기울이지 마라. 나에게도 두려움과 무관심이 스며들 테니까."라는 말은 단순하지만 매우 강력한 주문이다. 약한 자들의 말에 귀 기울이지 않으려면 정말로 큰 힘이 필요하다. 특히 평소 친구들의 말을 잘 들어주고 공감해 주는 사람이라면 그들의 의견과 상황을 존중해주고 싶어질 테니 더더욱 힘들 것이다. 잘 아는 사람과 가까이에 둘 사람을 구분해야 한다. 나쁜 에너지를 흡수하지 않도록 주의하면서 상대의 말에 귀 기울여줄 수 있다.

상대가 모르는 사람이라면 당연히 경계해야 한다. 우리는 인생을 즐기기만 하고 먹고 마시고 험담하면서 나태하게 오후 시간을 보내는 사람들의 유혹에 빠지기 쉽다. 여유로운 속도로 살아가는 그들의 모습을 보면서 야망의 부재를 평온함으로 착각할 수 있다. 하지만 그것은 여유가 아니라 무신경함에 가깝다. 그런 사람들을 조심해야 한다. 더 나은 삶을 위해 노력하는 것을 두려워하게 만들기 때문이다.

그들은 이렇게 말할 것이다. "여유를 가져. 뭐 하러 그렇게 열심히 일해? 어차피 영원하지도 않고 의미도 없고 아무런 변화도 없을 텐데."

그들은 야망을 이루기 위해 노력하는 우리를 사이드라인에서 바라보며 미소와 함께 손을 흔들지만 옆 사람에게 저렇게 노력해봤자 시간 낭비라고 속삭일 것이다. 그들은 우리 앞에 다가올 투쟁에 대해 기뻐하며 경고해 줄 것이다. 하지만 가까이 다가갈수록 우리는 그들이 우리의 노력을 깎아내리고 함께 분투하는 동료들을 비난하는 목소리를 듣는다. 열심히 노력하는 사람을 먼발치에서 비웃고 두려움을 심어주려는 이런 멍청이들을 조심하자.

그들은 무조건 쉬운 길을 숭배하고 고된 하루를 보내고 만족감을 느낀 적이 거의 없는 사람들이다. 가진 전부를 쏟아부어야만 하는 진정한 길과 목적, 더 높은 이상을 추구한 적 없는 목표 없는 영혼들이다. 세상에 실질적인 가치를 더하지 못하는 말주변만 좋은 냉소주의자들이다. 도전 비슷한 것을 만나는 순간 줄행랑치는 이들이다. 그들은 용기를 내본 적이 없다. 그들은 자신보다 대담한 사람들을 경멸한다. 인류의 별이 떠오르는 것이 아니라 가라앉는다고 믿는 운명론자들이다. 훌륭한 삶을 살아야 할 책임을 면제받기 위해 오래전에 자신의 힘을 포기한 나약하고 불행한 이들이다.

인생의 사이드라인에 서 있는 이런 나약하고 나태한 이

들을 친구로 여기면 안 된다. 이들은 나약함만 부추길 뿐이다. 그들을 따라서 쉬운 것만 추구하다 보면 결국 나태한 삶에 빠진다. 우리가 추구하는 것은 편안함이 아니다. 투쟁 없는 삶의 좋은 점은 무엇인가? 무엇을 배울 수 있는가? 진정한 노력과 땀, 고통 없이 과연 자기 숙달이 가능하겠는가?

우리는 활력과 야망이 없고 너무 약해서 싸우거나 도전하거나 견디지 못하는 이들을 조심해야 한다. 그들은 자유를 박탈당했다. 최고의 자아나 어떤 의미 있는 목적을 추구할 결단력이 없다. 우리에게 본보기가 되지 못하는 사람들이다.

아이러니하게도 인간은 가장 약한 자들을 따르곤 한다. 냉소주의자들이나 인터넷 악플러들 말이다. 그런 약한 바보들에게 시간을 내어주어서는 안 된다. 아무것도 하지 않고 아무런 열정도 없고 안전한 곳에 앉아서 훈수를 건네는 이 냉소주의자들은 가장 저급한 인간 계층이라는 사실을 기억하라. 그들은 아무런 지혜도 들어있지 않은 말을 내뱉는다. 우리를 억압하려는 냉소주의자들과 폭군들은 대부분 자신의 실패와 열정 없음을 감추고자 열심히 노력하는 사람들을 나르시시스트라고 몰아붙이는 좌절감으로 가득한 소인배들이다. 스스로 작게 느끼지 않으려고 어떻게든 우리를 깎아내린다. 이들은 컴퓨터나 높은 지위 뒤에 숨어서 전혀 신중하지 않은 견해를 내뱉으며 우월감을 느끼려고 한다. 그러나 정작 무슨 노력을 했느냐고 묻는다면 입을 꾹 다물거나 우리에게 앞뒤 맞지 않고 무의미한 비난을 퍼부을 것이다. 참으로 안타까운 운명이 아닐 수 없다. 남의 실패를 지적해야만 스스로 성공했다고 느끼고 남을 깎아내려야만 비상할 수 있으니 말이다.

중요한 목표를 위해 노력하려면 열정이 없는 사람들을 조심하자. 위대함을 향해 노력하는 자율적인 사람들을 흔들고 열정 없는 모습을 전염시킬 수 있다. 계속 우리의 길을 가자. 투쟁하는 삶을 선택하고 명예와 자부심을 느끼자. 장대한 꿈을 꾸고 끊임없이 노력하다 보면 지치고 불안이 찾아오겠지만 우리는 두려워하지 않을 것이다. 힘든 시간 속에서도 기쁨을 잃지 않을 것이다. 그 시간이 우리를 의미 있는 인생으로 좀 더 가까이 데려다줄 테니까. 우리는 구경꾼들과 목적도 없고 불평만 하는 따분한 사람들을 겸허한 마음으로 그냥 지나칠 것이다. 안락함을 넘어 위대한 소명을 향해 나아가자. 완수해야 할 의무와 시작해야 할 싸움과 축하해야 할 승리가 우리를 기다리고 있다. 힘과 불굴의 용기로 나아가자.

사악한 자들

우리는 의지가 약한 사람들뿐만 아니라 권력에 굶주린 비열하고 기만적인 사람들도 만날 것이다. 인생을 살아가면서 그런 잔인한 사람들을 마주치는 것은 피할 수 없다. 그들이 우리를 향해 다가올수록 우리는 더 힘차게 앞으로 나아가야 한다. 더 적극적으로 주도권을 쥐고 진정한 자신과 잠재력을 표현하고 세상을 바꾸려는 마음이 강해져야 한다. 우리가 높이 비상할수록 그런 이들도 더 많이 나타날 것이다.

편집증처럼 생각될 수도 있다. 하지만 세상에 비열한 사람들이 존재한다는 사실을 두려워하지 않아도 된다. 그저 그 사실을 인지하고 대비하면 된다. 사업가들은 경쟁자가 자신을 무너뜨리려고 한다는 사실에 전혀 충격받지 않을 것이다. 새로 부임한 CEO는 여자라는 이유만으로 첫 회의에서 반대에 부딪혀도 놀라지 않는다. 모르는 사람이 거짓말로 우리의 평판을 해치려고 하는 것은 꽤 흔한 일이다. 그런 일이 생기는 이유는 우리가 세상에 꽤 중요한 일을 하려고 하기 때문이다. 세상에 무례하고 무지하고 잔인한 사람들이 존재한다는 사실을 알면 그들이 어둠 속에서 나타나 우리의 빛을 훔치려고 할 때 우리의 반응을 통제할 수 있다.

안락함과 순응에 물든 사회는 개인적 자유를 추구하는 대담한 사람들을 보면 움찔한다. 진정한 자신을 표현하고 꿈을 향해 전진할 때 헤아릴 수도 없고 끝나지도 않는 저항과 반대에 부딪힐 것이다. 인생의 제로섬 게임을 하는 사람들—남이 성공하면 자기는 성공할 수 없다고 생각하는 사람들—이 질투심의 화살을 날릴 것이다. 우리를 자기들 쪽으로 끌어들이려고 할 수도 있다. 주변 사람들은 우리가 준비되지 않았다면서 믿어주지 않거나 세상이 험난한 곳이라고 설득하려고 할지 모른다. 그리고 우리보다 앞서 있는 사람들은 자기 자리를 잃을까 봐 두려워서 악의적으로 우리를 비난하거나 벽을 쌓아 차단하려고 할 것이다. 그런 폭군들이 우리에게 줄 수 있는 두려움을 조심하고 미리 준비해야만 한다.

항상 경계를 늦추지 말아야 한다. 남들보다 높은 곳에 서서 물리적인 존재감을 이용해 우리를 위협하는 사람들, 직장에서 우리를 무너뜨리려고 하는 탐욕스러운 거짓말쟁이들, 학대를 일삼는 연인들, 뒤에서 악의적인 험담을 하는 이웃들, 가르치려고 드는 악당들, 달콤한 말로 유혹하는 사기꾼들. 이 소수의 악의 때문에 대다수의 선의까지 퇴색되어서는 안 되겠지만 이렇게 사악한 사람들도 존재한다는 사실을 반드시 기억해야 한다.

이런 극단적인 폭군들은 에고가 대단히 강하고 에고를 지키려고 혈안이 되어 있다. 그들은 자기도취적이고 편집증적이고 분노로 가득할 수도 있다. 성공을 위해 애쓰는 사람들을 찾아내서 그들의 의지와 에너지를 억눌러 우월감을 느낀다. 의식적이든 무의식적이든 우리의 발전을 자신의 힘에 대한 위협으로 보기 때문이다. 그래서 자신의 지위를 잃지 않으려고 우리를 최대한 억누른다.

휘청거리는 국가의 수장이 이런 폭군인 경우가 종종 있다. 그들은 공포를 자극하는 방법으로 자신의 이익을 지키고 사람들을 노예로 만들고 반체제 인사들을 배척한다. 기업의 높은 자리에서도 볼 수 있다. 부하직원들 위에서 군림하며 가혹한 비판이나 소문을 휘두르고 다른 이들의 능력을 인정하지 않는다. 가족이 그럴 수도 있다. 자신에게 의존하는 다른 구성원들을 공격하고 비난한다. 그런 사람들의 조롱과 위협은 우리의 안전과 번영에 대한 두려움을 일으켜 할 수 없이 그들의 요구에 따를 수밖에 없게 만든다.

폭군은 수많은 방법으로 우리를 괴롭히고 해치지만 그중에서도 가장 악랄한 무기는 우리의 가치를 깎아내리는 것이다. 그들은 우리에게 "넌 아무런 가치도 없고 멍청하고 부족하고 능력도 없어."라고 말한다. 가혹한 말과 행동으로 우리가 어떤 사람인지에 대해 자신들의 생각에 가두려고 한다. 그러면 어떻게 될까? 우리는 자신이 충분하지 않거나 성공하지 못할지도 모른다는 두려움에 빠지고 안타깝게도 그 두려움은 현실이 된다. 그 사람들의 말을 믿게 되고 광활한 자유를 탐구하는 것이 아니라 한심할 정도로 좁은 믿음 속에 갇혀버린다.

누군가가 우리를 깎아내리고 우리의 목표를 거부해도 놀라지 말아야 한다. 스스로 의지를 억눌러 상대의 승리를 허락하면 안 된다. 사악한 자들로 인해 자신을 의심하게 되고 결국 두려움의 불꽃이 꿈을 태워버리는 일은 없어야 한다.

우리는 이 폭군들에게 아무것도 빚지지 않았다.

타인을 억압하는 사람은 자기 이익밖에 보지 못하므로 그들과의 관계는 절대로 유쾌하거나 상호적일 수 없다. 그들은 에고에 눈이 멀었고 오직 자신에 의한, 자신을 위한 세상을 살아간다. 그들에게 굽실거리지 마라. 설득하려고 하지 마라. 달라지기를 기대하지도 마라. 엮이지도 말고 어울리지도 마라. 우리의 화를 돋우도록 내버려 두지 마라. 절대 같은 수준으로 떨어지지 마라. 우리는 폭군이 발목을 붙잡으려는 것을 결코 용납해서는 안 된다. 그들이 우리의 잠재력을 휘두르게 해서는 안 된다. 그들은 필사적이거나 약한 사람들에게서 복종과 존경, 온순함, 타협을 발견할 때마다 삐뚤어진 기쁨을 느끼고 더욱 힘을 키운다. 물러서거나 웅 크릴 때마다 우리는 더 두렵고 약해진다.

그러니 다른 길로 벗어나지 말고 이런 사람들을 부지런 히 피해야 한다. 나쁜 마음을 먹을 필요도 없다. 이런 사람 들에게는 에너지를 쏟는 것조차 아깝다. 결국 사악한 자들 은 파멸에 이르고 벌을 받을 것이다. 우리의 성공은 그들의 파멸이 아니라 우리 자신의 성장에 들어있다. 빠르게 제치 고 위로 올라가면서 그들의 경악한 얼굴을 보는 것이 아니 라 그들의 방해를 물리치고 승리했다는 기쁨을 느끼는 것 이 진짜 성공이다.

두려움의 정신적 투영

우리 주변에는 의심과 두려움을 자극하는 사람들도 많지 만 우리를 지지해 주는 사람들은 훨씬 더 많을 것이다. 대 부분은 우리를 끌어당기는 것이 아니라 끌어올려주려고 할 것이다. 우리가 아무런 방해 없이 꿈을 좇을 수 있게 되면 우리의 지지자들에게도 꿈을 좇아도 된다는 허락이 떨어지는 것이나 마찬가지다. 살면서 나쁜 사람들을 많이 만나더라도 우리 옆에는 친구들이 있다는 것을 기억하고 도움과 영감, 지혜를 구하는 것을 주저하지 말자.

인생의 가장 냉혹한 진실은 두려움이 사회적 신호와 무의식적인 학습에 의한 것일 때도 많지만 대부분은 우리가 자신의 마음을 저버린 결과이다. 우리는 정신적 능력을 제대로 사용하지 않고 있다. 좀 더 정확하게는 거의 사용하지 않는다. 두려움을 없애는 수단이 있는데도 그것을 사용할 자기 규율이 부족하다. 손에 든 소화기를 사용할 줄 몰라서 불에 타는 집을 바라만 보는 것이나 다를 바 없다. 마찬가지로 우리는 걱정이 떠오를 때도 싸울 생각을 하지 않고 그냥 걱정이 활활 타오르는 것을 지켜본다. 부정적인 생각에 완전히 사로잡혀서 불안의 불꽃이 점점 거대해지는 것도 마찬가지다. 이런 일들이 너무 자주, 너무 오랫동안 걷잡을 수 없이 일어나서 예측 가능한 사고 패턴−예측과 제어와 전환이 모두 가능한 것들−이 두려움의 원인인 것조차 알아차리지 못한다. 이런 사람들은 항상 두려움에 사로잡혀 있고 스스로 할 수 있는 일이 없다고 생각한다. 스스로 터뜨린 풍선을 든 슬픈 어린아이처럼 말이다.

마음이 어떤 식으로 두려움을 키우는지 다시 한번 살펴보자. 조심하지 않으면 걱정하는 자들, 약한 자들, 사악한 자들에 휩쓸려 딴 길로 샌다는 사실을 미리 알고 마음이 행복과 성장에서 멀어지지 않도록 미리 준비해 두어야 한다. 우리가 살면서 느끼는 두려움은 대부분 변화가 가져올 수 있는 두 종류의 고통을 예상하는 데서 발생하는 불안감에 불과하다. 바로 상실이나 시련에 따르는 고통이다.

첫 번째 상실로 인한 고통은 어떤 행동을 취할 경우 소중한 무언가를 잃어버릴지도 모른다고 걱정하는 생각 패턴과 관련 있다. 예를 들어, 만약 직장을 옮기는 것이 두렵다면 보너스나 직장 동료와의 우정, 사무실을 잃고 싶지 않아서일 수 있다. 이 생각 패턴은 다음과 같이 우리가 살면서 겪는 무수히 많은 미묘한 의사결정에 작용한다.

"만약 다이어트를 한다면 좋아하는 음식을 먹을 때 느끼는 즐거움을 잃어버릴까 봐 두려워." "밖에서 여유롭게 담배를 피우면서 만끽하는 20분의 평화를 잃을까 봐 끊기가 두려워." "저 망나니와 헤어진다면 앞으로 영영 혼자가 될까 봐 두려워."

이 생각 패턴에 맞서는 방법은 생각을 가까이 들여다보고 분석한 다음 거꾸로 뒤집는 것뿐이다. 내가 상실을 예상한다는 것을 감지하면 그것이 과연 사실인지 아닌지 의문을 품어야 한다. 두려움의 증거를 더 많이 찾을수록 그 두려움이 사실과 거리가 멀고 지쳤거나 방향 없는 마음이 내리는 성급한 가정임을 깨달을 수 있다.

마음이 좁고 두려움이 잘못 학습된 사람은 나쁜 일이 생기리라고 가정할 것이고 자각이 뛰어나고 지혜로운 사람은 현실적인 증거나 신중한 원칙에 근거해 논리적인 결론을 내릴 것이다. 다이어트, 나쁜 습관을 그만두는 것, 해로운 관계를 끝내는 것에 대한 두려움을 찬찬히 들여다보면 자신을 위한 바람직한 결정은 언제나 실보다 득이 더 많다는 사실을 알 수 있다.

이러한 재구성에는 지성과 낙관주의가 필요하다. 불안을 일으키는 가정에 의문을 제기한 다음에는 걱정과 반대되는 상황에 대해 살펴보아야 한다. 만약 변화를 선택하면 무엇을 얻을 수 있는지에 대해 집요할 정도로 집중적으로 생각해야 한다. 만약 새로운 다이어트를 시작한 후 새롭게 좋아하게 된 음식과 요리법을 찾는다면 어떨까? 만약 담배를 끊은 후 편안함을 느끼게 해주는 새로운 방법을 찾는다면 어떨까? 새로운 연애를 시작하고 마침내 기쁨을 느낄 수 있다면? 상실의 부정적인 장면만 떠올리지 말고 이런 결과들도 분명하게 시각화해야 한다. 더 좋은 것을 꿈꾸고 긍정적인 것에 집중하라. 부정적인 것으로 가득한 오랜 악몽보다 그 편이 훨씬 더 유용하다.

변화를 두려워하게 만드는 두 번째 사고 패턴은 시련의 예상과 관련 있다. 우리는 너무 고생스러울 것이라는 생각 때문에 무언가를 시도하기 두려워한다. 스스로 그만한 능력이나 가치가 없을까 봐, 준비되어 있지 않을까 봐 걱정하고 그 걱정이 자신을 막게 내버려 둔다. 정신적인 힘을 너무 한심하게 쓰는 것이다. 충분한 시간과 노력과 헌신만 있으면 우리는 성공에 필요한 거의 모든 것을 배울 수 있다. 위대한 업적을 이룬 사람들도 대부분 처음에는 능력이 한참 부족했지만 오랫동안 투쟁하고 인내한 결과 마침내 꿈을 이룬 것이다. 우리가 처음에 자전거를 타거나 컴퓨터를 사용하거나 사랑을 나누는 방법을 알지 못했지만 결국 알아냈다는 사실을 잊지 말자. 인류는 달에 착륙하는 방법을 몰랐지만 그것이 가치 있는 도전이라고 생각해 10년 동안 그 문제를 해결하기 위해 고군분투했다. 결국 불가능한 것을 해낼 수 있게 되었다. 이것은 개인뿐만 아니라 인류 전체의 이야기다.

그런데도 우리는 좁은 마음에서 벗어나지 못할 때가 너무 많다. "새로운 요리법을 빨리 배울 수 있을지, 30분 동안 운동을 할 수 있을지 몰라서 다이어트를 하기가 두려워." "담배가 없으면 손이 심심할 것 같아서 담배를 끊기가 두려워." "지금 만나는 사람은 문제가 많지만 온라인에서 새로운 사람을 만나는 게 번거로울 것 같아서 헤어지기가 두려워." 우리는 이런 작은 생각에서 벗어나야 한다. 언젠가 성숙해져야만 하는 삶이 우리에게 묻는다. "고작 불편함에 대해 걱정하다니 넌 그보다 더 큰 존재 아니야? 투쟁이 있는 삶이 더 가치 있는 삶이 아닐까?"

　이러한 사고 패턴을 깨뜨리는 유일한 방법은 생각에 의문을 제기하고 뒤집는 것뿐이다. 곰곰이 생각해 본다면 과거에 더 어려운 상황을 겪고 배움을 얻었다는 것을 깨달을 수 있다. 그러니 지금의 시련도 견디고 배움을 얻을 수 있다. 삶의 시련을 이겨내는 도구가 우리 안에 들어있다. 알고 보면 우리는 투쟁을 두려워하는 것이 아니라 오히려 즐길지도 모른다. "새로운 요리법을 배우는 게 기대돼. 친구들과 운동하는 게 즐거워." "담배를 끊는 게 기대돼. 헉헉거리지 않고 계단을 올라갈 수 있고 중독에서 벗어나 건강하게 살 수 있어." "나와 더 잘 맞는 사람을 찾을 생각에 기분이 좋아. 진정한 사랑을 찾고 함께 삶을 즐길 수 있는 소울 메이트를 찾을 거야." 자유를 향한 배움의 여정은 즐거울 수 있다는 사실을 알고 열정을 불태우자. 이 사실을 믿어야 한다. 우리는 배울 수 있고 성장할 수 있다. 지금 당장 시작해야 한다. 운명은 대담한 자들의 편이니까.

　어떤 사람들에게는 그저 긍정적이기만 한 생각처럼 들릴

수도 있다. 그럼 어떤가? 계속 부정적으로 생각해야 할까? 앞으로 일어날지도 모르는 상실과 시련에 집중하면 좋을 게 하나도 없다. 정신적인 나태함으로 두려움이 지배하도록 내버려 둔다면 자각이 전혀 없는 것이다. 모든 개인에게는 두려움과의 일상적인 싸움에서 생각을 더 강력하게 휘두를 힘이 있다. 생각은 우리를 자유롭게 할 수도 있고 파괴할 수도 있다. 성숙은 자유를 향해 나아가는 것은 오로지 개인의 선택이라는 사실을 이해하는 데서 온다.

신체적인 두려움 다루기

모든 두려움을 마인드셋만으로 정복하는 것은 불가능해 보인다. 하지만 가능한 일이다. 어떤 사람들은 묻는다. "통제할 수 없을 것만 같은 신체적인 욕구도 과연 통제할 수 있는가?"

사자 조련사는 어떻게 두려워하지 않고 사자 굴로 들어가는가? 연설자는 어떻게 자기 의심에 굴복하지 않고 수천

명 앞에 서는가? 임원은 어떻게 팀 전체가 두려워서 선뜻 내리지 못하는 결정을 내리는가?

그 답은 바로 연습이다. 사자 조련사는 한때 두려웠다. 하지만 그래도 그는 사자 굴로 들어갔고 시간이 지나면서 두렵지 않게 되었다. 연설자도 처음에는 무대에 서는 것이 두려웠지만 시간이 지나면서 편안해졌다. 임원도 계속해서 의사결정을 내리다 보니 크고 중대한 사안도 조금씩 쉽게 결정할 수 있게 되었다. 이런 사례들은 두려움을 마주 봐야 한다는 교훈을 준다. 우리는 두려운 것들에 계속 가까이 다가가는 용기를 선택할 수 있다. 그것이 몇 번이고 계속되면 편안해지고 자신감이 생긴다.

그 무엇에도 얽매이지 않은 삶에 눈떠라. 인류가 오랜 세월에 걸쳐 두려움을 극복하는 법을 배웠다는 사실에서 용기를 얻자. 인간은 두려움의 충동에 반응하는 방법을 바꿨다. 심호흡하고 두려움이 이성적인지 아닌지를 생각했고 앞으로 나아감으로써 이룰 수 있는 성장을 시각화했다. 그들은 몇 번이고 앞으로 걸음을 내디뎠다. 그러다 보니 언제부터인가 두려움이 줄어들었고 아예 사라졌다. 이것이 바로 자기 숙달이다. 우리는 과거의 인류로부터 배움을 얻어 연습을 우리의 일상으로 가져와야 한다. 마음을 단련해서 더 큰 힘으로 두려움을 다스리자.

성숙하고 대담한 어른으로서 우리는 불안이나 시련을 주는 것들로부터 움츠러드는 것을 거부할 수 있다. 두려움만큼이나 강한 맥박으로 뛰고 있는 것을 향해 나아갈 수 있다. 개인적 자유를 향한 확실하고 견고한 의지 말이다. 이 말을 몇 번이고 반복하자. "나는 다른 사람들이 내 마음에 두려움을 일으키도록 허락하지 않을 것이다. 나는 그 어떤 시련이 닥쳐도 진정한 자신과 내 꿈이 향하는 방향을 잃지 않는 쪽을 선택할 것이다. 나는 항상 기억할 것이다. 싸움에서 두려움이 이길 수도 있고 자유가 이길 수도 있지만 나는 언제나 자유를 선택하겠노라고."

동기에 대하여

배를 만들고 싶다면 사람들을 불러 모아
목재를 가져오게 하고 일을 지시하지 마라.
대신 저 넓고 끝없는 바다에 대한 동경심을 키워줘라.

— 생텍쥐페리Saint Exupery

인류의 가장 강력한 동기는 자유와 두려움이다. 이 두 가지 말고 우리를 움직이는 것은 없다. 자유는 진정한 자유와 야망의 추구를 필요로 하고 이는 필연적으로 독립, 성장, 행복, 초월로 이어진다. 또 다른 행동 동기인 두려움은 난관과 투쟁을 최대한 피하게 만든다. 투쟁이야말로 성장에 꼭 필요한데 말이다. 이 길은 나약함, 순응, 그리고 종종 후회로 이어진다. 개인적 자유를 추구함으로써 우리는 자신의 운명을 발견한다. 하지만 두려움을 통해서는 종말을 본다.

우리가 이런 동기를 이용하는 이유를 흔히 동기부여라고 한다. 앞으로 나아가거나 멈추거나 성장하거나 위축되거나 안주하거나 위대함을 좇으려는 동기가 우리에게 부여된다. 우리가 살아가면서 취하는 행동은 대개 우리의 내적인 논리와 충동이 공포에 치우치는가, 자유에 치우치는가를 토대로 한다. 우리는 행동을 취해야 할 이유가 부족하거나 두려움이나 방어 충동이 들면 그냥 제자리에서 가만히 있게 된다. 하지만 앞으로 나아가야 할 확실한 이유가 있고 자유를 지지하도록 마음을 단련했다면 삶을 지속적으로 발전시킬 가능성이 크다.

자유가 걸려있는 상황에서 동기부여가 어떻게 작용하는지 이해할 것이다. 하지만 아무것도 모른 채 이유도 힘도 없이 매일의 삶에 반응하는 이들이 대부분이다. 그들은 자유롭지 못하다. 충동의 노예다. 목표도 없고 삶에 무신경하고 두려움에 사로잡힌 사람들이 너무 많은 것도 그 때문이다. 많은 사람에게 동기부여는 수수께끼로 남아 있다.

위대한 사람들의 첫 번째 덕목은 일관적으로 동기부여를 유지한다는 것이다. 성공과 성취는 매일 잠에서 깨어나 진정한 자신으로 살아가고 열정적으로 꿈을 좇고 존재감과 성과, 잠재력을 한 단계 끌어올리는 능력에 달려있다. 대략적으로 말하자면 인류의 가치 체계는 동기부여에 좌우된다. 친절, 사랑, 정직, 공정함, 단결, 관용, 존중, 책임감처럼 개인과 사회를 다스리는 그 어떤 위대한 인간의 가치도 그것들에 생명을 불어넣으려는 우리의 동기부여 없이는 번창할 수 없다. 그리고 개인적인 차원에서 동기부여에 숙달하지 못하면 우리는 행복할 수 없다. 사회적인 차원에서는 선을 위한 동기를 유지하지 못하면 모든 것을 잃을 것이다.

만약 우리가 인간의 동기부여를 제대로 활성화한다면 얼마나 높은 곳까지 이를 수 있을까? 사람들이 원할 때마다 동기부여의 스위치를 켤 수 있다면 세상이 즉각 어떻게 변할지 상상해 보라. 더 많은 사람들이 자유롭고 행복해질 수 있을까? 빈곤을 근절할 힘이 생길까? 학교를 더 만들 수 있을까? 기근을 끝내고 질병을 없애고 억울하게 갇힌 사람들을 풀어주고 지구 온난화를 멈추고 세계 구석구석에서 놀라운 발전을 이룰 수 있을까? 수십억 명이 꿈을 실현할 수 있을까?

만약 세상에 진정한 동기부여가 넘쳐서 아무런 목표도 없고 세상에 무관심했던 사람들이 의식적이고 헌신적인 마음으로 뜨거운 열정을 갖게 된다면 우리 사회는 얼마나 달라질 수 있을까? 번영하는 세상을 상상해 보라. 자유를 상상해 보라.

이 가능성은 충분히 현실로 이루어질 수 있다. 왜냐하면 동기부여는 답을 찾고 행동하기만 하면 엄청나게 간단한 것이기 때문이다. 자, 그러면 우리가 어떤 행동을 왜 하는지부터 분석해 보자.

동기부여의 어머니

첫 단계는 동기부여의 근원과 동기를 이해하는 것이다. 행동의 이유 말이다. 우리가 뭔가를 하는 '이유'다.

마음은 행동 동기를 만들기 위해 의식적인 지도가 있든 없든 다양한 생각과 감정, 경험을 걸러내고 그중에서 무엇을 하거나 하지 않을 이유를 선택한다.

선택의 명확성과 선택에 대한 헌신이 동기부여 수준을 좌우한다. 만약 명확하고 헌신적이라면 동기부여가 강할 것이다. 명확하지 않거나 헌신적이지 않은 경우에는 동기부여가 약하다. 이 과정에서 간단한 원칙이 나온다.

동기부여의 어머니는 선택이다.

우리의 마음이 행동의 이유를 선택한 후 그 선택에 헌신하는지 헌신하지 않는지에 따라 강하거나 약한 동기가 부여된다. 이 진실에서 우리는 가장 큰 개인적 힘을 발견한다. 충동을 제어하고 자신에게 도움 되는 선택과 헌신으로 마음을 인도할 수 있는 능력 말이다.

간단히 말해서, 우리는 목표와 그 목표에 대한 이유를 선택할 수 있다. 그리고 목표에 대한 지속적인 집중이 우리가 에너지로 감지하는 행동 욕구를 일으킨다. 내면에 자리한 동기부여의 힘이다.

위대한 것을 성취한 사람들의 특징은
마음의 방향을 잘 이끌어서
동기부여의 수준을 통제할 수 있다는 사실을
발견한다는 것이다.

이것은 다른 감정적인 돌파구에도 해당한다. 행복이 선택이고 슬픔도 선택이고 분노도 선택이고 사랑도 선택이라는 것을 깨달을 때 진보가 이루어진다. 인간에게 가능한 모든 상태와 감정, 기분은 우리의 의지대로 마음속에서 만들어 낼 수 있다. 이 깨달음은 청소년기에서 성인기로, 미숙함에서 성숙함으로, 공포에서 초월로 가는 길의 가장 확실한 안내 표지판이다.

그렇다고 모든 사람이 생각이나 감정을 선택할 수 있는 것도, 선택하리라는 것도 아니다. 소수의 대중은 정신적 능력이 건강하지 못하다. 기분 및 정신 장애는 개인이 제 생각과 감정을 일관적으로 지시하지 못하게 막는다. 심리치료와 약물치료가 도움 될 수 있으므로 반드시 전문가의 도움을 받아야 한다. 실질적인 장애와 생물학적인 문제 때문에 삶을 발전시키지 못하는 사람들도 있다는 사실을 결코 간과하면 안 된다.

세상 인구의 대다수가 그런 임상적인 장애로부터 고통받는 것은 아니지만 자기 인식의 부재나 좋지 못한 정신적 습관이 있을 수는 있다. 대부분은 그저 자기 숙달의 중요성을 깨닫지 못하거나 자기 숙달을 위해 노력하고 있지 않은 것뿐이다. 그런 사람들에게 필요한 것은 약이 아니라 욕구와 자기 규율이다. 그들에게는 처방전이 아니라 새로운 인생 철학이 필요하다. 장기간에 걸친 약물과 심리치료가 필요한 경우라도 대개 웰빙에 도움 되는 생각과 행동을 선택하도록 도와주는 것 역시 치료법에 포함된다. 정신질환이나 외상성 뇌손상까지 포함해 모든 회복의 길은 마음에 대한 더 나은 이해와 방향으로 이어진다. 자신도 그 누구도 내 마음을 다스릴 수 없다고 생각하는 냉소주의자는 충동과 사회적 신호의 바다에서 영원히 표류할 운명이다. 의식적으로 살아가지 못하고 반응과 주의산만으로 가득한 삶을 살아야 한다.

철학, 심리학, 신경과학의 진보에는 이성과 마음의 완전한 힘을 이용함으로써 인간의 잠재력을 끌어내는 주제가 공통으로 나타난다. 이성은 동기가 부여된 독립적인 정체성을 발전시키는 비결이다. 나는 생각하므로 존재하고 행동한다. 동기가 부여된 사람들은 이 진실을 굳게 믿는다. 위대한 예술가들, 리더들, 혁신가들은 최고의 자아가 되기 위해, 최고의 선을 추구하기 위해 이성을 활용한다. 그들은 진정한 자신을 표현하고 스스로 의미 있다고 생각하는 목표를 추구한다. 전략적으로 방향과 가치에 대해 생각한다. 중요한 결정을 내릴 때마다 가장 큰 활력과 성취감을 줄 수 있는 선택인지를 따져 본다. 그들은 무수히 많은 인생의 길 중에서도 자신의 본성과 자유와 봉사 의도에 맞는 길을 선택한다. 단호하게 자신의 가장 위대한 성격적 특성을 불러오고 가장 저급한 충동과 씨름해 굴복시킨다. 의식이 부족한 대중의 눈에는 단순히 운이 좋아 선택받는 사람들처럼 보이겠지만 그들은 스스로 선택하기로 결정했다.

동기부여가 강한 사람들은 운이 좋은 것이 아니다. 그들은 양심적이다. 그들은 삶에 활력을 불어넣기 위해 마음을 좀 더 의도적으로 사용하는 쪽을 선택한다. 그래서 더 많이 성취하고 더 많은 존경을 받는다. 자신의 마음과 감정을 스스로 책임지는 신중한 사람은 특별한 힘이 있으며 사람들에게 존경받는다. 하지만 자신의 마음을 책임지지 않는 사람은 예측할 수 없고 원하지도 않는 생각과 충동의 소용돌이에 휩쓸린다. 그는 미성숙하거나 신뢰할 수 없는 사람이라는 평가를 받으며 그의 무의식은 두려움으로 가득 차 있다. 자기 의심에 허우적거리거나 사회적 절망감에 빠질 수밖에 없다.

생각과 감정을 스스로 선택할 수 있다는 사실을 이해하면 "나는 행복하다고 느끼지 않아."나 "너무 슬프지만 아무것도 할 수 없어." 같은 말이 틀렸다는 것을 알 수 있다. 어떤 감정을 느끼는지를 어느 정도 스스로 선택할 수 있으므로 좀 더 정확하게 말하자면 "나는 지금 내 마음을 사용해서 행복의 감정을 만들고 있지 않다." 또는 "내가 한동안 슬픈 감정에 집중하는 것을 선택했기 때문에 지금 이렇게 슬픔의 감정이 생겼다." "나는 의식적으로 긍정적인 감정을 느끼고 이상적인 현실을 설계하는 것이 아니라 무의식적인 충동에 이끌리는 것을 허용하고 있다."가 되어야 한다.

'동기부여'는 갑자기 이루어지지 않는다. 우리가 갑자기 아무런 이유 없이 행복을 느끼는 것도 아니다. 행복은 충동이 아니라 생각의 결과다. 지금 이 순간(또는 삶 전반)의 경험이 유쾌하고 긍정적이며 감사하다고 우리 마음이 추론한 것이다. 지속적인 행복감은 일시적이거나 육체적인 쾌락이 아니라 긍정적인 기억과 선택에서 비롯되는 장기적이고 지적인 황홀감이다.

그래서 성숙한 어른들은 동기부여가 우연이나 감정이 아니라 동기에 대한 의식적인 약속이자 무언가에 대한 선택이자 행동해야 할 심오한 이유라는 사실을 잘 안다. 그것은 생각에서 오는 에너지다. 우리는 우연히 태양이 우리가 서 있는 거리를 비추기 때문이 아니라 스스로의 선택으로 동기를 부여받는다.

더 많은 동기부여를 원한다면 더 명확한 선택을 하고 그 선택에 더 깊이 헌신해야만 한다.

정말 그렇게 간단한 일일까? 그저 명확한 선택을 하고 그 선택을 실천하기만 하면 동기가 부여될까? 그렇다. 어느 정도는. 하지만 숙달은 노력의 뉘앙스를 이해해야만 가능하다. 만약 실천한다면 더 의식적으로 동기를 활성화하고 증폭해 주는 과정이 있다. 그 과정의 주도권을 손에 넣으면 원하는 강도와 기간에 상관없이, 선택에 따라 언제든지, 동기부여를 활성화하는 지적이고 감정적인 능력이 생긴다.

동기의 불꽃

심리적으로 동기는 야심과 기대가 만든 에너지로 촉발된다. 야망은 위대해지거나 위대한 일을 하거나 경험하려는 선택이다. 자신을 위해 위대한 무언가를 원하는 순간 동기가 유발된다. 더 나은 직업을 원하는가? 더 좋은 집에서 살고 싶은가? 더 나은 결혼생활? 더 나은 몸매? 더 나은 삶? 이런 욕망이 에너지를 불러온다. 강력한 욕망일수록 동기부여도 강해진다.

따라서 우리는 안으로 들어가 물어야 한다. 나는 자신을 위해 무엇을 원하는가? 나에게 의미 있는 새로운 목표는 무엇인가? 나는 무엇을 배우거나 나눌 때 기분이 좋은가? 내가 꿈꾸는 멋진 새로운 모험은 무엇인가? 나에게 만족감을 주고 매일 아침 일어나는 힘을 주는 원대한 목표나 봉사 행위는 무엇인가? 이런 질문들은 야망과 동기부여를 차례로 불러일으키는 비결이다. 간단하다.

우리가 더 높은 목표에 대해 깊이 고민할 때

그 목표를 추구할 에너지가 생긴다.

하지만 그게 다가 아니다. 많은 사람이 더 나은 무언가를 원하지만—야망이 분명히 존재한다—자기 안에서 동기를 끌어내지 못한다. 왜일까? 더 나은 무언가에 대한 희망은 있지만 그것이 정말로 가능하다고 믿지 않기 때문이다. 기대가 없다. 꿈이 현실로 이루어질 수 있고 스스로 그 꿈을 이룰 수 있다는 믿음을 선택하지 않는다. 오디션을 한 번도 본적이 없는 배우 지망생이 있다고 해 보자. 그녀는 배우가 되고 싶지만 자신에게 그럴 능력이 있다고 믿지는 않는다. 사업을 시작하고 싶지만 자신이 해낼 수 있다는 믿음이 없어서 직장을 그만두지 않는 사람도 있다. 이런 사람들은 삶의 가혹한 진실을 배운다. 자신에 대한 믿음이 따라주지 않는 욕망은 결국 차차 약해져서 꺼진다는 것을.

동기부여가 부족하면 목표를 이룰 수 있다는 진정한 기대가 없다. 믿음이 없으면 이룰 수 없는 목표임을 스스로 안다는 뜻이므로 시도조차 하지 않을 것이다. 따라서 기대는 단순한 희망과 동기부여의 차이점이다. 희망은 있지만 동기부여가 없을 때는 믿음이 필요하다. 자신에게 이렇게 말해야 한다. "무슨 일이 있어도 이 목표는 이루어질 거야. 왜냐하면 나는 매일 배우고 성장하고 일을 성사시킬 수 있다고 나 자신을 믿기 때문이야. 시간이 지나면서 꿈을 현실로 만들 거야. 나는 배우고 노력하고 도움을 청하고 끈기 있게 계속하는 나의 능력을 믿으니까." 이런 기대와 함께 우리의 마음은 야망을 현실로 바꾸는 데 필요한 신념과 행동을 만들기 시작한다.

따라서 꿈이 현실로 이루어지는 모습을, 우리가 일을 성사시키는 모습을 우리 마음이 보아야 한다. 오늘 밤 우리 삶에 더 큰 기쁨과 만족감을 가져다주는 것들에 대해 한번 생각해 보자. 일기를 쓰고 꿈을 꾸자. 대담함과 열정과 헌신으로 멋진 일을 하는 내 모습을 상상하자. 이것이 바로 시각화와 내면화이다. 우리의 정신과 자아 깊숙이 기대감을 짜 넣는 과정이다. 이것은 동기를 유발하는 과정이기도 하다.

철인 3종 경기에 출전하고 싶은 남자가 있다. 그는 '언젠가 철인 3종 경기에 도전할 수 있을 만큼 체력이 좋아졌으면 좋겠어.'라는 마음가짐으로는 목표를 이룰 수 없다는 것을 잘 안다. 그는 왜 그런 야망을 꿈꾸는지 명확하게 알아야 하고 모든 능력을 쏟아부어 반드시 성공할 것이라고 다짐해야 한다. 그는 수영, 사이클, 달리기를 하는 자기 모습과 결승선을 통과하는 모습을 시각화한다. 동기를 끌어내고 훈련을 시작해 반드시 성공하겠다는 선택을 한다. 그래야만 하고 그렇게 할 수 있다고 믿기 때문이다.

"동기부여가 더 강했으면 좋겠어."라고 말하는 사람들에게 이렇게 말해주자. "동기를 바라지 말고 야망을 선택해서 동기를 불러내라. 꿈에 집중하고 언젠가 그것이 이루어지리라고 믿으면 곧 엄청난 열정이 당신에게 생기를 불어넣을 것이다."

동기부여의 유지

━━

야망과 기대는 동기를 부여하는 과정의 시작일 뿐이다. 그것들은 동기부여의 불꽃이다. 안타깝게도 꿈에 계속 집중해 동기부여의 불꽃을 부채질하지 않는 사람들이 많다. 철인 3종 경기에 나가고 싶은 사람은 꿈을 믿는 것만으로는 부족하다. 그는 욕망을 지속해 주는 선택을 해야 한다. 매일 훈련 일정을 세우고 코치를 구해야 한다. 뛰고 땀을 흘리고 성장을 위해 싸워야 한다. 그리고 그것을 계속 반복해야만 한다.

따라서 동기부여를 지속해 주는 선택은 주의와 노력이다. 동기부여는 자신의 야망에 무관심한 사람들에게만 변덕스럽게 느껴진다. 방향성 없는 마음에는 인간의 기본적인 욕구를 제외한 추진력이 거의 없다. 당연히 지속적인 동기가 있을 리 만무하다. 초점을 다시 맞추어야 한다. 야망에 계속 주의를 기울여야만 추진력이 유지되고 기대 속에서 에너지가 휘몰아친다. 그렇게 어려운 일도 아니다. 매일 목표를 검토하고 잠자리에 들기 전에 목표에 대한 일기를 쓰고 규칙적으로 목표와 야망을 시각화하고 다음 단계를 계획하면 된다.

많은 사람이 바로 이 지점에서 실패한다. 매일의 방해물에 주의가 산만해져서 집중력과 동기가 약해진다. 대개 '동기가 약해서'가 아니라 딴 데 정신이 팔려서 동기를 계속 이어 나가지 못하는 것이 실패의 원인이다. 세상이 우리가 원하는 것을 쉽게 내어주지 않는 이유는 우리가 집중력이 부족해서 무엇을 원하는지 자체가 불분명하기 때문인지도 모른다.

세상의 하찮은 관심사나 가짜 긴급 사안에 반응하느라 집중력이 흐트러져서 우리의 꿈이 죽어가도록 내버려 두어서는 안 된다.

일상적인 과제를 돌보느라 목표에서 눈을 떼면 안 된다. 진정으로 하고 싶은 일을 시작하기 위해 '올바른 타이밍'을 마냥 기다려서도 안 된다. 꿈에서 의식이 멀어져 거대한 무의식의 바다로 떠내려가는 순간, 동기도 같이 끌려간다.

항상 동기에 주의를 기울이자. 원대한 비전을 항상 보이는 곳에 두고 하루도 빠짐없이 매일 의식의 캔버스에서 꿈이 알록달록한 색깔로 빛나게 하자. 자주 자리에 앉아서 내가 원하는 것이 무엇인지 생각하고 그것이 현실로 이루어지는 모습을 그리자.

그렇게 하면 집착이 커지는 것이 아니냐고 우려할지도 모른다. 맞다. 우리는 목표에 집착해야 한다. 자신에게 정말로 중요한 것에 어쩌면 태어나 처음으로 완전한 관심과 열정을 쏟아야 한다. 위대하고 자유로운 삶을 만드는 것에 대한 집착을 두려워하지 말자. 그런 의도적인 관심이 없다면 우리의 동기는 열의 없는 희망이자 지속되지 않는 변덕스러운 흥분 상태에 불과하다.

명백한 공식이자 궁극적인 비밀은 이것이다. 야망과 열정에 더 깊은 관심을 쏟을수록 동기부여가 강해진다.

하지만 우리는 동기를 지속하는 방법만 생각해서는 안 된다. 목표를 향해 다가가려고 노력해야 한다. 야망에 가까워지려는 실질적인 노력이 반드시 필요하다. 행동하지 않으면 절대로 목표를 끌어당길 수 없고 손에 넣을 수도 없다. 꿈을 향해 얼마나 일관적인 행동을 취했는가로 그 사람의 동기가 얼마나 깊은지를 쉽게 알 수 있다. 노력의 일관성이 떨어질수록 동기가 부족하다는 사실이 명백해진다. 아이러니하게도 더 많이 노력할수록 동기부여도 강해진다.

첫발을 내디디지 않으면 여정을 끝내기 위한 지속적인 에너지나 헌신을 느낄 수 없다. 앞에서 말한 철인 3종 경기 선수는 야망이 필요하지만 훈련도 시작해야 한다. 경기 참가 등록을 하고 훈련 강도를 점점 더 높이면서 안전지대를 벗어나고 결승선을 통과하는 꿈을 위해 땀 흘려야 한다. 이 노력을 통해 그의 동기는 지속적으로 강해질 것이다.

동기가 죽는 이유는 꿈이 죽었기 때문이 아니다. 실질적인 노력을 시작하지 않았거나 지속하지 못했기 때문이다. 발걸음을 내디디지 않으면 진전이 주는 황홀감을 느끼지 못하므로 곧 에너지가 사라진다. 당연히 포기도 따라온다.

우리는 우리를 진정으로 살아있게 해주는 것이 의미 있는 목표를 향한 땀과 노력이라는 사실을 자주 잊어버린다. 그러니 기억하자. 성실한 노력과 그에 따른 추진력과 성취만큼 동기부여를 극대화해 주는 것은 없다. 피로와 시련과 산만함에도 불구하고 야망을 향한 노력을 계속하는 것, 이것이야말로 진정한 동기부여의 특징이다.

위대한 삶은 장기적으로 의지를 계속 불태우며 계속 행진하는 능력에 달려있다. 꿈을 향한 묵직한 발걸음은 가속도를 계속 이어가고 싶은 욕망을 일깨운다. 따라서 "평생 동기부여를 유지하는 비결은 무엇인가?"라는 질문의 답은 명확하다. 무슨 일이 있어도 계속하면 된다.

그동안 동기부여를 위해 그렇게 고군분투했는데 그저 야망에 더 주의를 기울이면 되는 것이었다니, 약간 억울한 기분이 들 수도 있다. 예전에 열정이 넘쳤던 이유가 단순히 운이 좋거나 외부적인 요인이 작용해서였다고 믿고 싶을지도 모른다. 곤경에 처해서, 아버지가 돌아가셔서, 아내에게 내 도움이 필요해서. 커다란 기회의 문이 활짝 열려서, 신의 계시 때문에, 자녀를 먹여 살려야 해서 등 환경적 요인이 강력한 동기를 불러냈다는 잘못된 사실을 믿고 싶을 것이다.

하지만 그때 우리가 자발적으로 목표를 향해 열심히 노력했기 때문에 더 큰 동기가 부여되었다는 것은 명백한 사실이다. 목표에 더 큰 주의와 관심이 향했고 노력과 고생이 있었다. 매일 걷잡을 수 없이 타오르는 강력한 불꽃과도 같았다. 이런 것들은 우리의 선택이었다. 의미 있는 무언가에 더 많은 관심과 노력을 쏟기로 선택했다. 선택이 우리에게 활력을 불어넣었다. 변화하는 상황이나 긴박한 필요성, 심지어 신의 가호가 아니라 스스로 내린 선택이 우리의 구원자였다. 솔직히 부름을 들어도 응답하지 않기로 선택하는 사람들이 얼마나 많은가? 자유롭고 추진력 있는 인간으로서 우리가 상황이나 필요, 혹은 신의 계시에 우리만의 방식으로, 실질적인 행동으로 응답하는 것을 선택했기에 어둠 속에서 빠져나올 수 있었다.

모두에게 분명하게 해둘 것이 있다. 위대함은 끊임없이 목표에 집중하고 목표를 위해 단호하게 행동하는 능력을 단련하는 사람들의 것이다.

동기의 증폭

지금까지 동기를 불러오고 계속 불태우는 법을 배웠다. 이제는 우리의 모든 존재와 삶의 모든 측면에서 동기를 키우고 단련해야 한다. 동기부여를 새로운 차원으로 증폭해주는 두 가지 선택이 있다. 바로 태도와 환경이다.

태도는 중요하다. 자유롭고 동기부여가 된 사람들은 그

들의 목표와 삶에 대해 긍정적이고 열의가 넘친다. 하지만 수많은 사람이 비관주의의 늪에 빠져 허우적거리면서 매일의 모든 경험을 경멸하고 이를 간다. 분노, 증오, 두려움의 모든 요소는 대중의 마음을 부채질한다. 너무도 많은 사람의 머리 위에 절망적인 우울감이 감돈다. 그 이유는 무엇일까? 갑자기 삶이 훨씬 더 부정적으로 느껴질 만한 이유라도 있을까? 아니다. 자신의 태도를 선택하지 못하는 것이 문제다. 대부분은 자신의 성향에 대해서나 자신이 세상을 어떤 식으로 경험하거나 이바지하는지에 대해 적극적으로 생각해 보는 일이 드물다. 이처럼 자신이 생각하고 행동하고 봉사하는 방식에 주의를 기울이지 않는 무의식적인 스타일이 그들의 꿈과 유산을 해친다. 위대한 목표를 이룬 사람들을 생각해 보라. 그들이 시무룩하거나 원통함으로 가득한가? 부정적이거나 화가 났는가? 아닐 것이다. 보편적으로 나쁜 태도를 가졌는데 진정 위대한 목표를 이룬 사람이 있는가? 부정적인 태도를 가진 사람이 세상을 진보시키는 일은 거의 없다.

동기부여는 삶에 대한 열정과 열린 마음을 가진 사람의

영혼만 밝게 비춘다. 개방적이고 긍정적인 태도는 사람들을 끌어당기고 본인에게도 즐거움을 가져다주며 우주에 가장 고귀한 에너지를 보낸다. 어떤 상황에서든 세상을 느끼고 연결고리를 만들 수 있다는 사실을 기억하자. 웃는 얼굴과 좋은 의도와 유머, 목표 없는 군중의 침울한 수군거림을 덮는 환호성으로 어려운 상황을 마주하는 법을 연습해야 한다. 세상이 우리를 화나게 할 때도 긍정적인 태도로 마주하는 것은 인생에서 이룰 수 있는 가장 위대한 업적이다.

우리의 직접적인 의지 외에 분별 있고 긍정적인 태도를 지키는 방법은 바로 분별 있고 긍정적인 사람들에게 둘러싸이는 것이다.

긍정적인 사회적 환경만큼 장기적으로 우리의 동기부여를 극대화해 주는 것은 없다.

누구와 상호작용하는지는 우리의 태도에 중요하고 동기부여에도 중요하다.

대다수 사람들은 사회적 영역이 동기를 꺾고 제한하도록 허용하고 있다. 주변에 비관론자들과 얼간이들이 득실거리고 생각 없고 감정적인 사람들로 인한 스트레스와 혼란 속에서 살아간다면 동기부여가 잘될 리 없다. 아예 불가능한 것은 아니지만 힘들다. 마찬가지로 평소 집 안에서 인터넷 서핑만 하거나 친구들과 술만 퍼마시는 사람이 성공과 행복의 비결을 발견하는 것 또한 지극히 드문 일이다. 무시하고 깎아내리는 남자친구와 사귀는 여자는 더 나은 사람이 되려는 동기를 부여받지 못한다. 모욕을 일삼는 상사와 지루한 동료들에 둘러싸여 아무런 보람도 느끼지 못하는 직장인도 최선을 다해 조직에 이바지하려는 동기를 느끼지 못한다.

이렇게 나쁜 태도를 가진 사람들과는 거리를 두어야 한다. 부정적인 에너지가 전염되기 때문이다. 개인적 자유가 걸린 문제라는 사실을 기억하자. 사회적 영역이 우리의 자기표현이나 의미 있는 목표의 추구를 방해해서는 안 된다.

우리는 동기부여를 위해 긍정적인 태도로 긍정적인 목표를 추구하는 진실하고 긍정적인 사람들에게 둘러싸여야 한다.

감정을 증폭하는 물리적 환경을 만들기 위해서도 노력

할 필요가 있다. 우리는 우리가 시간을 보내는 공간을 사랑해야 한다. 만약 그렇지 않다면 지금 당장 변화를 추구하자. 집에 오면 평화가 느껴지고 에너지가 충전되는 기분이 들어야 한다. 집 안이 환해야 하고 아무런 방해 없이 생각하고 계획을 세우고 창작을 할 수 있는 공간이 있어야 한다. 잠자고 생각하는 공간은 반드시 편안해야 한다. 일터는 우리에게 영감을 주어야 한다. 영감이 필요할 때 연락해 도움을 청할 수 있는 사람들의 목록을 마련해 놓아야 한다. 현재 그렇지 못하다면 역시나 즉각적인 변화를 추구해야 한다. 그런 인간관계를 만들어야 한다. 긍정적인 생활환경이나 직장, 긍정적인 동료 그룹이 마련되어 있지 않다면 그런 것을 마련하는 것을 목표로 삼아야 한다. 환경은 중요하다. 동기와 기쁨을 한 단계 끌어올려 줄 수 있는 환경을 마련해야 한다.

희생자에서 벗어나는 길

동기에 대해 제대로 알면 희생자 의식victimhood에서 벗어나 자유를 향한 명확한 길을 찾을 수 있다. 그 어떤 순간에도 동기를 불러오고 다른 사람들에게도 방법을 알려줄 수 있다.

야망을 선택하고 모든 힘을 불러 모아 현실로 이루어지게 할 수 있다고 믿어라. 꿈을 향해 지속적인 관심과 헌신적인 노력을 기울이면 동기부여가 유지될 수 있다. 위대한 목표를 이루기 위해 노력하는 동안 긍정적인 태도를 갖추고, 동기를 극대화하는 데 도움이 되는 환경을 조성하라.

이렇게 실천이 따르면 동기부여는 단순히 행운의 감정이 아닌 의지에 따른 선택이 된다. 시간이 지나면 이 선택들은 우리가 삶을 주도하고 방해물을 제거하고 삶의 우여곡절을 매끄럽게 처리할 수 있도록 해줄 것이다.

실천이 없으면 충동에 사로잡히고 게으름과 두려움의 노예가 될 것이다. 의식이나 자유에 눈뜨지 못하므로 타인과 상황의 희생양이 된다. 아무런 동기도 없는 피해자가 된다. 피해자 의식만큼 영혼의 에너지를 소모하는 것은 없다.

목표와 동기가 없는 사람들에게 다음의 메시지를 보내자.

그들 "동기를 유발해 줄 무언가, 누군가를 기다린다."

나   "동기는 오직 안에서만 끌어낼 수 있다."

그들 "동기가 느껴지지 않는다. 나는 동기를 느끼는 사람이 아니다."

나   "동기는 신체적 충동이나 성격적 특성이 아니다. 동기는 자유로운

　　 의도와 의지, 의식적인 마음이다."

그들 "직장에서 급여와 자율성, 책임이 더 커지면 동기가 커지고 더 열심

　　 히 일할 것이다."

나   "동기부여를 선택하지 않았기에 급여와 자율성, 책임이 더 커지지

　　 않은 것이다. 노력이 동기를 부여하고 동기가 보상으로 이어진다."

그들 "주변 사람들이 내 동기를 죽이고 있다."

나   "주변 사람은 우리가 직접 선택할 수 있다. 그리고 동기부여는 본인

　　 의 자유의지에 따른 것이다. 동기는 불멸이며 타인이 부여하거나

　　 타인에 의해 감소하거나 제거될 수 없다. 그것은 우리가 원하기 때

　　 문에 우리 안에 존재한다. 매일 동기가 탄생하고 소멸하는 것은 우

리 자신의 지시에 따른다."

그들 "지금까지 동기를 유발하는 중요한 인생 사건을 경험해 본 적이 없

다. 커다란 행운이라든가 삶의 목적을 발견하는 경험 같은 것 말이

다."

나 "목적은 영감처럼 운 좋게 갑자기 떠오르지 않는다. 동기와 목적은

개인의 선택이다. 동기 유발에 필요한 것은 야망과 기대를 높이는

선택뿐이다. 자신이 원하는 것이 무엇인지 생각하고 이룰 수 있다

고 믿어야 한다. 동기를 유지하기 위해서는 지속적인 관심과 노력

이 필요하다."

그들 "가끔 게으름에 빠진다."

나 "그러면 다른 감정을 느끼겠다고 선택하라. 게으름도 다른 감정과

마찬가지로 개인의 선택이다. 인생은 짧다. 장기적으로 게으름을

선택하면 충동의 노예가 되어 후회로 가득한 삶을 살게 된다는 사

실을 알아야 한다. 우리가 자신에게 활력을 불어넣어 주는 선택을

해야만 세상에 나가서 자신이 누구인지 알고 성장하고 꿈을 이루

고 자유롭고 위대해질 수 있다."

거대하고 영광스러운 삶

▬

자각하고 인간이 가진 정신적 능력을 최대한 활용하고 자신의 마음과 동기를 스스로 이끌 때 개인의 무한한 힘이 생긴다. 따라서 결코 소홀히 하지 말고 매일 동기부여에 숙달하기 위해 전념해야 한다. 그것만큼 우리가 모든 주의를 쏟아야 하는 대상도 없다. 살면서 우리가 매 순간 내리는 무수한 선택이야말로 우리의 운명을 만들기 때문이다. 그 선택은 개인적 자유로 향하는 동기가 부여된 마음에 의해 내려질 수도 있고 두려움으로 기울어지는 기본적인 충동에 맡겨질 수도 있다. 한마디로 두려움이 이기거나 자유가 이긴다.

동기부여에 불이 붙으면 인생은 넓어지고 영광스러워진다. 그러니 우리 영혼에 야망의 불꽃이 타오르게 하자. 이 에너지에 세심한 주의와 끊임없는 노력과 긍정적인 태도를 더하라. 효율적인 사회적, 물리적 환경을 마련하는 데 관심을 기울이자. 성실하고 부지런해야 성공하고 활력이 극대화된다. 마치 신성한 빛이 비치듯 우리의 삶이 확장되어 세상

과 운명을 향해 신호를 보낼 것이다. 내가 여기에 있고 준비
가 되었으며 지금은 내가 빛날 시간이라고.

Motivation
Manifesto

PART 2

아홉 가지 인생 선언

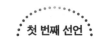

첫 번째 선언

현재에 집중하라

당신의 진정한 집은 지금, 여기다.
— 틱낫한

고통은 사람들에게서 기쁨을 빼앗고 자유라는 신성한 영 감의 경험을 해친다. 고통은 지금, 이 순간에 머무르지 않는 끔찍한 경험이다.

너무 많은 사람이 자기 몸과도 삶과도 단절되었다. 그들 은 주변의 에너지와 환경에 연결되지 않았고 지금 이 순간 에 그런 것들에 대한 책임이 있다는 사실도 이해하지 못한 다. 그들은 자신에게 주어진 축복에 대한 경외심이 거의 없 다. 마치 다른 곳에 있는 것처럼 행동하고 정신적으로 다른 먼 시간대에서 살아가는 것처럼, 현재라는 기쁨에서 몇 시간 앞서거나 뒤처져 있다. 생명력이 분리, 소멸하고 삶은 무책임하게 제대로 살지 않으며 영혼은 다른 세계에 있다.

인간 대다수는 무의식의 심연에 빠진 듯하다. 공허한 눈동자가 많은 것을 말해준다. 그들의 마음은 어둡고 무감각한 지대 같은 산만함 속에 갇혀있다. 잠을 자는 것은 아니지만 의식적이지도 않고 경계하지도 않고 의도적이지도 않다. 카페인에 의존해 활기가 넘치지만 에너지가 안정적이지도 않고 '현재'의 활기 넘치는 느낌도 없다는 사실을 자각하지 못한다.

인생은 방향도 감각도 없는 경험의 연속이어서는 안 된다. 좀비나 노예, 동물처럼 이 순간을 자각하지 못하면 무의식적이고 무력한 삶을 살게 된다. 사랑하는 사람들과 삶의 의무, 가슴에 품은 꿈에 무관심해서는 안 된다.

진정으로 자유롭고 활기차게 살려면 의식과 정신의 힘을 현재의 경험에 온전히 쏟아야 한다. 삶의 모든 감각을 다시 제대로 느끼기로 선택해야 한다.

우리가 사랑하는 삶의 모든 것은 오직 지금 이 순간에만 느낄 수 있다는 사실을 기억해야 한다. 우리가 찾는 모든 것은 지금 여기에 있다. 사랑, 열정, 기쁨, 만족감, 조화 같은 진정한 부는 지금 이 순간 우리의 마음속 메뉴판에 자리한다. 우리의 의식이 깨어나기만 한다면 언제든 주문해서 음미할 수 있다. 우리가 되고자 하는 모든 것도 지금 여기에 있다. 우리는 어떤 역할을 하고 싶은지, 순간마다 삶의 에너지를 어떻게 쓸지 선택할 수 있다. 무엇을 하든 자신의 힘과 의식을 스스로 이끈다면 불만은 사라지고 활력이 돌아올 것이다. 이 세상에서 살아가는 사람 대부분은 그 깊이를 헤아릴 수 없는 에너지를 감지할 수 있다. 따라서 우리는 선언해야 한다. 현재에 집중하라.

제대로 경험하지 않는 삶

우리는 삶의 많은 부분을 그냥 흘려보낸다. 떠오르는 해와 지는 해를 놓치고 몇 시간 동안, 심지어 며칠씩 자신이 어떤 감정을 느끼는지 알아차리지 못한다. 친절한 사람이 거리를 건너는 노인을 도와주는 모습을 보지 못한다. 고마움이 담긴 배우자의 미소를 놓친다. 동료를 제대로 바라보거나 동료에게 안부 인사를 건네지 않아 힘든 상태라는 사실을 알아차리지 못한다. 실내에서 기계만 보고 있느라 계절을 통째로 놓친다. 겨울에 눈을 가지고 놀지 않았고 봄에 꽃을 감상하지 않았으며, 여름에 야외에서 즐거운 시간을 보내지 않았고, 가을에 나뭇잎의 색깔이 바뀌는 것을 보지 못한 채로 계절을 흘려보냈다. 매일 무수히 많은 경이로움과 아름다운 광경이 있다. 하지만 우리는 그런 것들과 완전히 단절되어 있거나 어제나 내일을 생각하느라 바빠서 알아차릴 겨를조차 없다.

평소 멍하게 있거나 무감각하게 있으면서 삶을 제대로 살아가지 않는 사람에게는 불행한 운명이 따를 수밖에 없다. 삶의 중요한 순간과 상황을 제대로 알아차리지 않고 넘어가면 안 된다. 삶의 맥박과 아름다움, 의미를 더 느껴야 한다.

주변 세상과의 단절에서 깨어나면 삶의 적은 머나먼 죽음이 아니라 삶과의 단절이라는 사실을 깨닫는다.

현실은 지금 여기에 있으므로 현실을 마주하고 느끼고

스스로 만들어 가는 법을 배워야 한다.

현재가 모든 것이다. 동기부여와 삶은 현재와 따로 분리해서 느낄 수 없다. 현재를 온전하게 의식하지 않으면 충동이나 피로에 굴복하고 성장과 자유가 아닌 쉬운 길과 두려움을 선택하도록 조건화된다. 우리가 경멸하는 모든 것이 바로 이 현실과의 분리에서 나온다. 자녀에게 무관심한 부모, 사랑이 식은 연인, 집중하지 못하는 학생, 딴 데 정신이 팔린 지도자.

이제는 날카롭고 적극적으로 세상을 살아가야 한다. 앞으로 펼쳐질 순간에는 자신의 감정과 타인의 감정, 주변에 가득한 모든 축복에 더 많은 주의를 기울이기로 선택한다. 사람들에게 온 집중과 관심을 쏟는다. 마음과 영혼을 열어 우주의 속삭임에 귀 기울인다. 열린 마음으로 자유롭게 현재에 머무르고 진정 살아있기로 선택한다.

우리가 현재에 집중하지 못하게 방해하는 유일한 적은 바로 우리 자신이다. 온전히 현재에 머무르기 위해서는 과거나 미래에서 사는 습관을 버려야 한다. 자유롭고 의식적이고 동기부여가 된 인간으로서 매 순간 자신의 역할과 책임을 스스로 선택해야 한다.

시간에서 떨어져 나오기

—

　우리가 활력이 부족한 이유는 현재를 살아가는 게 아니라 무의식적으로 마음을 과거나 미래로 향하게 하기 때문이다. 우리는 하루 늦게 또는 하루 빨리 살 수 없다. 과거의 향수에 젖거나 터무니없는 미래를 투영하는 습관을 버리고 현재를 살아야 한다. 과거를 내려놓는 것부터 시작하자. 어제나 며칠 전에 대해 생각하는 것은 쓸모가 없다. 지난 기쁨을 되짚어 보거나 현재에 도움이 될 수 있는 교훈을 찾으려는 것이 아니라면 과거를 완전히 내려놓는 것이 최선이다. 그렇지 않으면 현재의 기쁨과 자유에 매우 해로운 영향을 끼친다.

　물론 쉬운 일은 아니다. 대부분의 사람들은 과거에 집착하는 것에 중독되어 있다. 다시 돌아가고 싶거나 힘든 현재를 원망하면서 말이다. 하지만 과거에 집착하면 자발적으로 행동할 수 없다. 미화되거나 공포로 가득한 정신 상태로 행동하기 때문이다. 자발성은 자유인의 특징이다. 긍정적이든 부정적이든 간에 과거의 생각에 얽매인 사람은 현재에 진정으로 자유로울 수 없다.

이렇게 생각할 수도 있다. '그래도 오늘보다 어제가 더 좋았어. 오늘의 나를 마주 보는 것보다 찬란한 과거와 그때의 나를 떠올리는 게 더 좋을 것 같아.' 하지만 이것은 개인적인 힘을 포기하는 사람이나 하는 말이다. 그들은 목표지향적인 인간이 아니라 걸어 다니는 기억의 집합체일 뿐이다. 현재는 의지가 약하고 야심도 없고 영원한 기억 속의 과거에서 시간을 낭비하며 진짜 삶을 발전시키지 못한다. 눈앞의 현재에 있다는 사실을 알아차리기 전까지 그들의 삶은 언제까지나 기억 속의 신화일 뿐이다. 다시 그들의 삶에 영광과 동기부여를 가져다줄 수 있는 것은 바로 지금 진실하고 적극적으로 살아가는 데 집중하는 새로운 정신 단련이다. 그러한 의식적인 야망과 관심이 없으면 부정적인 결과가 닥쳐야만 정신을 차릴 것이다. 재앙이나 심각한 필요성만이 그들을 과거에서 황급히 빠져나와 현재에 집중하게 해줄 것이다. 그런 불상사는 일어날 필요가 없다. 그저 현재의 삶에 집중하기로 선택한다면 다시 행복해지고 활기가 생길 것이다.

잠깐 과거를 되돌아보며 즐거운 추억을 되새길 때는 정

확히 무엇이 우리를 행복하게 했는지에 집중해야 한다. 우리가 완전히 의식하고 있던 순간에서 행복이 나온다는 사실을 깨달을 것이다. 어떤 일이 일어났고 그것을 우리가 경외심이나 감사로 알아차린 순간이었다는 것을. 아름다움, 놀라움, 즐거움, 열정, 재미, 사랑, 평화 같은 것이 깃든 찬란한 순간이었다. 순간적으로 세상에 선명하게 초점이 맞춰졌다. 의미 없는 것들은 희미해지고 의미 있는 것들이 클로즈업되어 눈길을 끌었다. 그 경험에는 진실성과 신선함이 있었다. 그 순간과 하나가 되었다. 긍정적인 무언가에 주의가 향하고 이어졌던 순간이었다. 그래서 그 순간을 쉽게 기억할 수 있는 것이다.

좋은 추억은 당연히 떠올려도 된다. 하지만 행복의 집에서조차 긍정적인 과거는 그날 하루의 활동과 자유를 방해하는 불청객일 수 있다는 사실을 기억해야 한다. 이렇게 긍정적인 면도 있지만 마음이 과거에 너무 오래 표류하면 지금 여기에서 경험할 수 있는 것들을 놓치게 된다. 과거의 그 기억이 행복했던 이유는 순간에 대한 인식 때문이었다. 그 사실을 잊으면 안 된다. 이 지식을 이용해서 커다란 활기와 함께 지금 여기로 돌아오자.

어떤 사람들은 "나는 과거가 싫어. 지금 모든 문제의 원인이야."라고 생각할 수도 있다. 그들은 비난과 비웃음으로 과거를 돌아보는 데 집착적일 정도로 많은 에너지를 쏟는다. 그들은 과거를 떠올리고 싶지 않은데도 떠올린다. 과거의 상황에 대한 분노가 굵은 밧줄처럼 그들을 과거와 꽁꽁 묶었기 때문이다. 오랜 시간이 지났고 현실이 바뀌었는데도 그들은 과거의 속상한 기억을 원통해하고 두려워하고 여전히 과거의 그 상황에 얽매여 있다. 지금 그들은 화난 사람, 불평하는 피해자, 후회로 가득한 철학자이다.

이런 사람 중 한 명이 되기는 무척 쉽다. 과거는 정말로 지금의 나에게 엄청나게 큰 영향을 끼쳤기 때문이다. 하지만 그러면 안 된다. 과거의 좋지 못한 일은 현재가 아니라 역사의 쓰레기통에 머물러야 하고 우리는 그 쓰레기통을 뒤적거리면 안 된다. 과거의 상처에 연연하면 의욕이 꺾이고 현재에 집중할 수 없을 뿐이다.

어제의 고난이 오늘의 활력을 앗아가고 있다면 다른 수준의 의식을 추구해야만 한다. 심리치료가 필요한 사람들도 있을 수 있다. 하지만 대부분은 부정적인 생각을 내려놓고 "지금 이 순간 평화와 감사, 열정을 느끼기 위해 인생의 어떤 부분에 집중해야 하는가? 나는 어떤 사람이 되고 싶고 현재를 드러내 주는 어떤 경험을 하고 싶은가?"라고 묻는 성실함만 있으면 된다. 이런 마음으로 살아간다면 세상과 연결되고 진정성 있고 긍정적인 삶을 만들 수 있다.

내일을 잊어라
—

우리는 내일에 대해 생각하느라 오늘과 연결되지 못한다. 어떤 사람들은 내일이 오늘보다 더 나쁠 것이라는 두려움을 안고 있다. 그들은 밤잠을 설치면서까지 내일이 가져올 시련에 대해 생각한다. 미래에 대한 두려움이 그들을 현재의 축복으로부터 떨어뜨려 놓는다.

그런가 하면 내일이 더 나쁘지는 않더라도 오늘과 전혀 다르지 않을 것이라고 걱정하는 사람들도 있다. 그들은 '왜 내 인생은 흥미로워지지 않는 걸까? 내일도 그냥 똑같은 하루일 거야. 매일 똑같은 일상이 반복될 뿐이야.'라고 생각한다. 새로운 열정으로 현재를 경험하지 않는 한 정말로 그렇게 될 것이다.

또 다른 방식으로 미래를 바라보는 사람들도 있다. 미래에 대해 긍정적으로만 생각하는 공상가들이다. 그들은 종종 책상에 앉은 채로 미래에 대해 공상하느라 정신이 팔린다. 전화벨 소리나 노크 소리에 현실로 돌아온다. 안타깝게도 그들은 현재와 이어지지 않는다. 항상 별을 보며 소원을 빌 뿐, 지금 이 순간의 경험을 즐기거나 삶을 발전시키려는 노력은 하지 않는다. 과거와 마찬가지로 기쁨이나 가르침을 주기만 한다면 미래를 생각하는 것 자체에는 아무 문제가 없다. 하지만 그 여행은 짧아야 하고 결코 현재에 해를 끼쳐서는 안 된다. 필요할 때 미래를 꿈꾸고 계획을 세우되, 지금 이 순간의 과제나 바로 눈앞에 있는 사람들과의 연결고리가 끊어지면 안 된다.

언제든 더 나은 미래를 상상할 수 있지만 더 나은 미래를 만들 수 있는 것은 지금 이 순간뿐이다.

자기 삶의 진정한 주인으로 살아가는 이들은 과거를 기억하거나 미래를 꿈꾸지만 언제나 다시 현재로 주의를 돌려놓는다. 그들은 평화롭게 현재에 머무르며 살아간다. 과거에서 교훈을 얻되 과거로 돌아가기를 염원하지 않으며 미래에 대한 희망을 품되 미래에 집착하지 않는다. 그들은 항상 경계를 늦추지 않고 눈앞의 상황과 주변 사람들에게 관심과 애정을 쏟는다. 그들은 자주 자신에게 묻는다. "지금 내 마음은 깨어있는가? 주변에 있는 것을 감지하고 완전히 알아차리는가? 나는 이 삶을 느끼고 있는가? 눈앞에 있는 것과 진정으로 중요한 것에 나의 모든 힘을 쏟고 있는가?"

현실 회피

그런 질문을 던질 용기가 없어 삶을 외면하고 회피하는 더 쉬운 방법을 선택하는 이들도 있다. 그들은 책임이나 눈앞의 상황을 외면하는 쪽을 선호한다. 정신적으로, 감정적으로, 영적으로 지금 이 순간과의 연결고리를 끊는다. 지금

이 순간과 이어지면 시련을 겪어야 하며 냉혹하게 자신을 돌아보아야 하기 때문이다. 소파에서 일어나기 싫어서 아내의 부탁을 회피하는 남편, 회사가 흔들리고 있다는 사실을 마주하지 않으려고 회의를 피하는 리더, 힘든 과제를 끝내지 않고 시내로 놀러 나가는 학생, 큰 병에 걸려서 죽음을 앞두고 있다는 사실을 알게 될까 봐 병원에 가길 거부하는 환자가 모두 그렇다.

미숙하거나 자각이 없는 사람에게는 시련을 피하는 것이 지극히 당연한 일처럼 여겨질 것이다. 불편한 상황에 주의를 기울이고 싶지 않은 것은 당연하다. 눈앞의 힘든 일을 외면하고 그보다 훨씬 쉬운 다른 일에 주의를 분산하는 것이 훨씬 쉽다. 관심을 끊고 도망쳐 숨고 싶은 유혹이 드는 것은 당연하다. 하지만 그러면 삶을 회피하게 될 수 있다. 그 손해는 온전히 우리의 힘과 존재에 쏟아진다. 꼭 해야만 하는 일을 하는 용기와 절제력이 없으면 존재를 드러내거나 단련할 수 없으므로 삶에 감정과 행복이 사라진다. 회피는 고통과 갈등을 피하는 최고의 단기 전략일지 몰라도 고통을 보장하는 최고의 장기 전략이라는 사실을 잊으면 안 된다.

꼭 해야 할 일이라면 그 일을 해야 할 때는 바로 지금이다. 배우자와 어려운 대화를 해야 한다면 오늘 해라. 사업이 어려움에 놓였다면 휴가를 떠나서 회의를 놓치는 일이 없게 하라. 지금 바로 눈앞의 문제를 해결하라. 서류의 마감일이 코앞에 닥쳤다면 지금 작업을 시작하라. 몸이 아프면 당장 병원에 가라. 다른 행동은 회피다. 회피가 있는 곳에는 평화나 진보가 있을 수 없다.

자유롭고 동기부여가 된 사람은 현실을 외면하지 않는다. 그들은 어려운 상황이 닥쳤을 때 주의를 기울인다. 믿음, 힘, 사랑을 시험할 기회라고 본다. 인생이 시련으로 가득해도 자신과 자신의 길을 믿고 신속하고 직접적으로 마주한다. 그들은 연습을 통해 불편한 상황에도 편안해지고 진정한 숙달에 이르고자 노력한다. 우리는 그들로부터 배워야 한다. 시련이 닥쳤을 때 절대로 도망치면 안 된다. 도망치면 이 세상으로부터, 지금 이 순간으로부터 멀어지고 성장과 기여를 포기하는 셈이다. 고통과 두려움을 정면으로 마주 볼 때마다 그것을 통제하는 힘이 길러진다는 것을 기억하라. 시련을 피하지 않고 마주하면 성공을 발견하게 될 것이다. 시련은 운명이 우리를 위해 준비해 놓은 성장 기회이다. 그러니 스스로에게 물어보자. "내가 반드시 똑바로 마주해야 할 것은 무엇인가? 내 성장과 행복을 가로막는 진실 또는 현실은 무엇인가? 지금 당장 어떻게 해야 하는가? 어떻게 하면 현재에 집중하고 지금 필요한 일을 주도할 수 있을까?"

여섯 가지 중요한 역할에 주의를 기울여라

온전하게 존재한다는 것은 관찰력이 있고 현실을 회피하지 않는다는 뜻일 뿐만 아니라 매일 자신의 역할과 행동을 능동적으로 선택한다는 뜻이다.

우리는 어떤 순간이든 중요한 여섯 가지 역할 중 한 가지를 수행할 수 있다. 그 가능성에 주의를 기울이지 않으면 결국 의도적이지 않은 삶을 살게 된다. 하지만 역할에 주의를 기울이면 매 순간 힘을 활성화할 수 있다. 우리의 마음과 활동에 목적이 생긴다. 목적은 현재로 가는 가장 큰 다리다.

1) 관찰자

우리가 할 수 있는 첫 번째 역할은 관찰자 또는 의식적으로 보는 사람이다. 이것은 우리가 자기 인식이라는 선물을 통해 맡는 역할이자 책임이다. 우리는 관찰자로서 약간 거리를 두고 현실을 바라볼 수 있다. 내가 누구인지 전체적인 그림을 보고 매 순간 어떻게 행동하고 반응하는지 자세하게 본다. 자신이나 현재와 분리되는 것이 아니라 신중하게 관찰하는 것이다.

이 역할에 숙달한 사람은 결정을 내리는 것과 동시에 그것이 옳은 결정인지 아닌지 판단할 수 있다. 그들은 자신이 행동과 감정, 생각이 진짜인지 알 수 있다. 바람직하지 못한 결정을 내리거나 타인에게 무례하게 굴거나 중요한 것을 잊어버렸을 때 알아차릴 수 있다. 자기 자신을 매우 날카롭게 의식하고 있다. 그들은 갈등의 기미가 보이고 분노가 커지는 것을 느껴도 분노를 행동으로 옮기지 않는 쪽을 선택한다. 내면에서는 이런 대화가 이루어진다. '지금 나는 이 상황에 화가 나는 것 같아. 내가 지금 왜 이렇게 반응하는 걸까? 지금 분노가 나에게 도움이 될까? 최고의 자아는 지금 어떤 말을 하고 어떤 행동을 할까?'

우리는 자기성찰을 연습함으로써 이 역할에 숙달할 수 있다. 하루에도 몇 번씩 스스로에게 묻는다. "만약 약간 떨어져서 내 삶을 바라본다면 나는 무엇을 하고 있을까? 왜 그것을 하고 있을까? 어떤 감정을, 왜 느낄까? 현재의 내 행동과 의도에서 어떤 결과가 발생할까? 지금 내 마음과 몸과 정신이 진정으로 느끼고 필요로 하고 바라는 것은 무엇일까?" 이렇게 자신에 대해 감지하는 습관이 생기면 자신과 삶에 더 긴밀하게 이어질 수 있다. 이것을 목표로 삼아야 한다.

2) 연출자

두 번째는 좀 더 적극적인 역할인 연출자다. 자신의 삶을 의도적으로, 의식적으로 창조하는 사람이다. 우리의 인생이 영화라면 우리는 그 영화에 나오는 모든 장면과 캐릭터를 연출하는 감독이다. 감독은 영화의 모든 것을 책임지고 지휘한다. 각각의 캐릭터가 지금 무엇을 하고 있는지, 그 이유는 무엇인지, 그리고 다음에 무엇을 할 것인지를 계획하고 궁극적인 권위를 가진 사람이다. 감독은 매초 카메라가 어디에 초점을 맞출지 선택한다. 감독은 흥미롭고 의미 있는 이야기를 만들기 위해 캐릭터들에 관한 합리적인 결정을 내린다.

이 단순한 은유에서 삶을 개선하는 많은 지혜를 끌어낼 수 있다. 현재 인생 이야기가 마음에 들지 않는 사람들은 그 이야기의 장면과 캐릭터들을 직접 연출하지 않은 사람들이다. 전혀 의식적이지 않은 태도로 정처 없이 상황에 이리 휩쓸리고 저리 휩쓸릴 뿐이었다. 그들은 삶의 부정적인 측면에 집중하느라 아름답거나 재미있는 것들을 놓쳤다. 중요한 장면에 엉뚱한 캐릭터들을 등장시켰다. 잠깐 뒤로 물러나 프레임 전체를 바라보지 않았다. 고귀하고 영웅적인 캐릭터로 상황에 대면하는 것이 아니라 삶의 무대에서 어린아이처럼 징징거리기만 했다.

감독의 역할에 숙달하려면 자신의 의도를 상세히 알고 인생 이야기의 모든 장면에 임해야 한다. 저녁에 배우자와 데이트한다면 그 장면이 어떤 식으로 펼쳐지기를 바라는가? 그날의 저녁 식사 테이블에서 어떤 모습을 보여주고 싶은가? 어떻게 행동하고 어떻게 말할까? 하루가 어땠는지 들려주는 배우자의 이야기에 어떻게 반응할 것인가? 어떤 예상 밖의 일들이 그 장면을 신선하게 해줄 수 있을까? 어떻게 하면 그날 저녁이 낭만적인 데이트 장면으로 펼쳐질 수 있을까? 이 사람과의 이야기는 어떤 식으로 흘러갈까?

감독의 역할을 수행하면 자기 인생의 모든 캐릭터와 이야기의 방향을 직접 선택할 수 있다. 우리의 캐릭터는 강하거나 약하거나, 고귀하거나 이기적이거나, 스트레스가 심하거나 평온하거나, 변덕이 심하거나 중심이 잘 잡혀있는가? 우리가 누구인지 하루하루 어떻게 보여줄까? 인생의 다음 장면에서 어떤 사건과 어떤 모습을 보여줄 수 있을까? 이것들은 매우 중요한 질문이다. 이 질문을 떠올리지 않으면 자신의 인생 이야기에 집중하지 못하므로 길을 잃는다. 더 나쁜 것은 다른 사람들의 이야기에서 작은 역할을 하게 된다는 것이다. 지루하기 짝이 없는 순응의 이야기인 대중의 서사 속에서 희생자가 된다. 그러니 좀 더 의식적이 되어야 한다. 내 삶의 이야기는 무엇이고 그 비전을 현실로 만들려면 내 생각과 행동을 어떤 방향으로 이끌어야 하는가?

3) 수호자

우리가 관심을 쏟아야 하는 세 번째 역할은 몸과 마음, 영혼의 수호자 역할이다. 우리는 삶의 문 앞에 서서 원치 않는 오염물질로부터 자신을 보호해야 한다. 그 오염물질이란 바로 부정적인 정보와 사람들, 습관이다.

이 역할은 실패하기 쉽다. 쓸모없는 정보와 시시한 말, 어리석음에 마음에 쉽게 빼앗긴다. 중요한 것처럼 포장된 현혹적인 말과 이미지, 소리를 소비한다. 무지하고 극단주의적인 관점을 가진 미디어, 사람들에게 즐거움을 준다는 특권의식에 사로잡혀 영상을 필터 없이 내보내는 방송국, 그 제품을 구매하지 않으면 불행할 거라고 생각하게 만드는 웹사이트. 이로 인해 우리는 지혜 대신 잘못된 정보를 얻고, 즐거움을 느끼는 대신 멍해지며, 부자가 아니라 가난해진다.

우리가 소비하는 모든 것은 우리 일부가 된다. 아무짝에도 쓸모없는 흥밋거리 정보와 스캔들은 우리의 마음속에 뿌리내려 나중에 어리석음과 극적인 소동으로 나타날 뿐이다. 우리는 자기 마음의 수호자로서 진부하고 부정적인 것들을 쉽게 허용해서는 안 된다. 마음속에 들어오는 정보에 주의를 기울여야 한다. 배움을 얻고 싶다면 정보 출처를 살피고 삶을 개선해 주는 긍정적이고 유익한 정보로 머릿속을 채워야 한다. 오락을 원한다면 활기를 불어넣어 주는 오락을 선택하라. 삶에 대한 이해나 감사의 마음을 갖게 하는 오락 말이다. 그리고 언제나 건강하고 활기찬 마음의 수호자로서 제자리를 지켜야 한다. 우리가 보고 듣고 머릿속으로 들여보내는 모든 것이 우리의 성격과 운명을 만든다는 사실을 잊지 말자.

또한 우리는 몸의 수호자가 되어야 한다. 이 풍요로운 사회에는 편리하지만 건강에 나쁜 가짜 음식이 넘쳐난다. 사회 전체가 마음과 영혼의 집인 몸에 아무런 생각 없이 해로운 독을 마구 주입하고 있다.

사람들은 다른 사람들의 집을 파괴하는 것이 죄라는 것을 잘 아는데도 창조자가 그들에게 준 성전을 망가뜨린다.

입으로 들어가는 모든 것에 주의를 기울여 건강을 지켜야 한다. 요즘은 건강한 식단이나 건강한 생활 습관에 대한 정보를 아주 쉽게 얻을 수 있다. 양을 적게 먹고 되도록 자연식품과 채소를 많이 먹는다. 발음하기조차 어려운 성분이 들어간 가공식품의 섭취를 제한한다. 설탕 섭취도 줄이고 활동량을 늘린다. 건강하고 튼튼한 몸을 유지하기 위해 일주일에 여러 번 규칙적으로 운동을 한다. 물을 자주 마시고 수면 시간을 늘린다. 이것들은 우리가 이미 잘 아는 내용이다. 우리에게 필요한 것은 자기 몸을 돌보는 헌신이다. 몸이 약해지면 동기부여도 같이 약해진다.

인간관계에 대해서도 경계를 늦추면 안 된다. 혹시 폭군, 포식자, 얼간이 같은 인간들을 허락해 주변 환경을 오염시키고 있지는 않은가? 우리의 잠재력을 가로막는 부정적인 사람들은 누구인가? 왜 그들이 내 삶에 들어와 있는가? 왜 우리는 스스로가 상처받게 놔두는가? 왜 불평불만과 증오로 가득한 사람들에 둘러싸여 있는가? 그런 사람들을 옆에 두면 안 된다. 그들이 알아서 사라지기를 바라지 마라. 우리가 아무것도 하지 않으면 그들은 계속 주변에서 어슬렁거릴 것이다. 무슨 일이 있어도 삶의 행복과 인간성을 지키는 수호자가 되어야 하는 것은 우리의 책임이다. 따라서 직접적으로 말해라. 문제가 되는 사람들에게 떠나거나, 더 친절하거나 더 긍정적인 태도를 보여달라고 말해야 한다. 원하는 것을 단호하게 이야기해야 한다. 물론 누구나 꺼리는 일이다. 하지만 우리는 부정적인 사람들로부터 자신을 보호해야 한다. 마찬가지로 긍정적이고 친절하고 영감을 주는 사람들을 곁에 두어야 한다. 그런 사람들을 삶으로 불러들여 그들의 삶의 이야기와 통찰에 귀 기울여라.

4) 전사

다음 역할은 전사다. 진정한 삶을 살고 싶다면 가만히 앉아있지 말고 세상으로 나가 목적을 가지고 싸우고 모험을 해야 한다. 과감하고 치열하고 거침없이 꿈을 좇아야 한다. 두려움은 제쳐놓고 굳은 신념으로 투쟁하고 온갖 장애물과 싸우며 앞으로 나가야 한다. 승리를 간절히 염원해야 한다. 삶이라는 전장에 오직 우리의 영웅담만 남겨두고 보물과 영광을 집으로 가져와야 한다.

길고 고된 자기 숙달의 여정을 준비하지 않으면 우리는 그 무엇도 될 수 없고 의미 있는 그 무엇도 만들어 낼 수 없다. 다음 싸움에서 이기기 위해서는 어떤 기술이 있어야 하는가? 지금 그 기술을 준비하라. 어떤 도구와 자원이 필요할까? 지금 준비하라. 다음 산을 넘는 동안 옆에서 도와줄 어떤 동료가 필요한가? 지금 그 사람들을 만나고 도움을 얻어라. 더 높은 곳까지 올라가기 위해 무엇을 버려야 하는가? 가는 동안 무거운 짐이 되지 않도록 지금 버려라.

전사의 역할을 잘 해내기 위해서는 우리가 삶에서 깊이 헌신하고 있는 것들에 대해 찬찬히 돌아볼 필요가 있다. 전사는 이렇게 묻는다. "나는 내 인생에서 무엇을 지킬 것인가? 사랑하는 사람들에게 어떻게 명예와 풍요를 가져다줄 수 있을까? 어떤 모험이 살아있음을 느끼게 해줄까? 내가 원하는 것은 무엇이고 그것을 위해 싸울 준비가 얼마나 잘 되어 있는가?"

이런 노력의 여부가 겁쟁이와 전사를 구분 짓는 차이점이다. 아무리 바빠도 잠시 시간을 내어 큰 꿈과 영광에 대해 진지하게 생각해 봐야 한다. 이 질문으로 자신의 삶을 솔직하고 용감하게 평가해 보자. "나는 꿈을 향해 얼마나 열심히 노력하고 있는가? 작은 장애물들이 계속 발전을 가로막게 내버려 두는가, 아니면 끊임없이 계속 싸우고 있는가? 승리를 위해 몸과 마음, 영혼을 돌보고 있는가? 진정한 확신과 헌신으로 살아가는가, 아니면 그저 하루하루 시간을 보낼 뿐인가? 희생하거나 헌신하지 않아서 실패한 일이 있는가?"

진정한 꿈이 있다면 그 꿈을 위해 싸워야 한다. 자신과 가족을 위하여 꿈을 뜨겁게 갈구하는 야심 차고 용기 있는 전사의 정신을 받아들여야 한다. 전사 정신의 핵심은 의지다. 기꺼이 행동하려는 마음이다.

전사들은 결정을 내리는 데 시간을 낭비하지 않는다. 그들은 절대로 주저하거나 회피하지 않는다. 전사는 승리에 이르는 긴 행군을 시작하기 위해 완벽한 상황을 기다리지 않는다. 지치거나 두려울 때도 멈추지 않는다. 반드시 치러야 할 싸움이라면 물러나지 않는다. 대담하거나 강인한 모습을 보이는 데 부끄러움이 없다.

무언가를 정복해야 할 때, 지평선 너머의 땅에 값진 보물이 있을 때 그들은 행군하고 또 행군한다. 목표 지점으로 갈 수 있는 진지함과 헌신, 강한 집중력이 있다. 혼란스럽고 불안한 상황에도 언제나 확고함을 잃지 않는다. 그들의 열정과 의지, 절제력은 흔치 않아서 그들의 야망을 두려워하는 사람들이 있을 수도 있지만 누구나 그들의 용기에 박수를 보낸다. 옆에서 지켜보는 이들은 이렇게 말할 것이다. "저 사람은 절대 포기하지 않고 끝까지 싸울 거야."

그렇다면 우리는 무엇을 위해 싸우는가? 이것은 진정한 전사들이 깊이 숙고하는 질문이다. 이 질문의 대답은 그들의 자부심과 존엄성을 보여준다. 목표를 향한 헌신은 그들에게 무척 중요하므로 아무리 작아도 모든 승리를 기록하고 축하하고 정체성에 새긴다. 주변 사람들이나 뜻을 같이하는 이들과도 그 기쁨을 나눈다. 그들은 스스로 전사로서 전사 정신을 창조한다는 사실을 완전히 인지하고 있다. 자신보다 더 거대하고 중요한 무언가를 위해 싸우는 전설을 만든다는 것을. 정말로 중요한 무언가에 삶을 바치는 것이다.

더 강한 전사가 되기 위해서는 망설임과 변명을 버려야 한다. 꿈을 향해 더 오래, 더 열심히 싸울 것을 약속해야 한다. 지금까지 하고 싶었던 일과 하지 않은 핑계를 전부 적어 보자. 내가 삶의 어떤 부분에서 약하고, 발전 속도가 느린지 생각해 보자. 그다음에는 다시 헌신을 약속하라. 그 어떤 장애물이 있어도 내일부터 꿈을 향해 용기를 가지고 행진할 것을 결심한다. 다시 한번 집착적일 정도로 치열하게 발전에 목매자. 전사들은 무엇을 위해 싸우는지에 대해 고집스럽고 엄격하고 명확하며 다음 전투에서 이기기 위해 흔들림 없이 헌신한다. 자신의 꿈과 가족의 안전과 풍요를 위하여 견고함을 다져라.

5) 사랑의 실천자

임무를 수행하는 동안 우리가 누구를 위해 싸우는지 절대 잊지 말아야 한다. 우리가 사랑하는 사람들, 우리를 꼭 필요로 하는 사람들이 있다. 사랑하는 사람들과 함께 축하할 수 없다면 승리는 절대 달콤하지 않으며 삶의 충만감도 느낄 수 없다. 그러니 우리는 사랑의 실천자 역할을 제대로 수행해야 한다.

사랑의 실천자는 타인에게 관심과 사랑을 줄 수 있는 놀라운 능력을 갖추고 있다. 다른 사람들에게 관심을 기울여 이해하고 아끼고 그들의 삶에 의미를 더해주고자 한다. 사랑의 실천자는 또한 마음에서 우러나오는 의사소통을 하고 존중과 공감으로 주변 사람들을 대한다.

이것은 숙달하기 가장 어려운 역할과 책임일 수 있다. 관계는 인생의 그 어떤 영역보다도 더 많은 주의, 보살핌이 필요하지만 실망과 상처, 이별을 안겨주기도 한다. 조금만 더 시간과 관심, 애정을 기울였다면 망가지지 않았을 관계가 얼마나 많은가. 딸의 감정을 전혀 알아주지 않고 소리 지르는 아빠. 저녁 식사 테이블에서 배우자와의 대화에는 관심 없고 핸드폰만 보는 아내. 우리는 바쁘다는 이유로 따뜻한 한마디가 절실하게 필요한 사랑하는 이들을 외면했다. 이런 불행한 상황은 우리가 사랑에 조금만 더 신경을 쓴다면 예방할 수 있다.

현대인이 사랑의 실천자 역할을 잘 해내기 위해 가장 신경 써야 하는 것은 우리에게 사랑을 준 사람에게 다시 집중하는 것이다. 사방으로 흩어진 관심을 다시 가져와 사랑하는 사람들의 눈을 들여다본다. 그들에게 질문을 많이 하자. 오늘 하루는 어땠는지, 요즘 고민은 무엇인지, 그들을 좀 더 행복하게 만들어 주는 것은 무엇인지. 어떻게 하면 그들과 더 긴밀하게 관계를 맺고 그들을 더 잘 사랑할 수 있을까? 애정과 감사를 더 잘 표현하는 방법이 있을까?

우리가 커리어의 성장에 대해 생각하듯 매일 사랑하는 사람들의 건강과 성장에 대해서도 생각해야 한다. 좀 더 가까워질 수 있는 고유한 루틴을 만들 수 있을까? 어떻게 사랑과 열정에 다시 불을 붙일 수 있을까? 어떻게 하면 함께 앞으로 나아갈 수 있을까?

모든 인간은 사랑으로 만들어진 존재다. 인간의 본성은 사랑이고 우리의 심장은 사랑으로 뛰고 우리의 영혼은 사랑의 힘으로 비상한다. 그러니 사랑의 실천자 역할을 잘 수행해서 주변 사람들이 우리가 주는 사랑으로 빛나고 기뻐하고 활력을 느끼게 하자.

6) 리더

우리를 믿고 의지하는 사람들에게 우리는 본보기가 되어주어야 한다. 그들은 우리의 지시와 행동을 기다린다. 우리는 그들에게 리더의 역할을 훌륭하게 해내야 할 책임이 있다.

세상은 리더가 절실히 필요하다. 리더가 부족한 탓에 많은 개인과 조직들이 어둠 속에서 헤매고 있다. 인간성을 중요시하는 리더가 없으면 희망과 자유, 풍요로 나아가는 길이 무지하고 이기적이고 방향성도 없는 얼간이들이 이끄는 끔찍한 여정이 되어버린다. 결국 그 배는 흔들리다가 파국에 치달을 것이다.

우리는 인류애를 끌어올리는 위대한 작업을 다시 시작해야 한다.

이 시대는 비전과 진정한 변화를 만들어 줄 협동을 필요로 한다. 이런 것들은 훌륭한 리더들이 영감을 주고 지속해나가야 한다. 자신에게 물어보자. "어떻게 하면 세상에 좋은 영향력을 끼칠 수 있는가? 어떻게 하면 다른 사람들이 문제를 해결하고 꿈을 이룰 수 있도록 도와줄 수 있을까? 멋진 목표를 이룰 수 있도록 내가 힘을 실어줄 수 있는 사람은 누가 있는가? 어떻게 하면 주변 사람들의 잠재력을 끌어내 더 좋은 일을 하도록 할 수 있을까?"

더 많은 사람이 이런 질문을 한다면 사회가 파국으로 돌진하는 것을 막을 수 있다. 리더 역할을 맡는 것을 두려워하는 사람들도 있다. 하지만 결국은 핑계가 아닐까? 마지막 순간에 창조주에게 리더를 맡을 만한 능력을 충분히 주지 않았다고 말할 것인가? 핑계 따위는 잊어버려야 한다. 자신보다 더 큰 무언가를 위해 봉사해야 할 의무가 있음을 기억하자.

역사를 돌아보라. 시대의 중요한 갈림길에서 진전이 이

루어졌을 때 그곳에는 언제나 분명한 비전과 목소리를 가진 대담하고 동기부여가 된 사람들이 있었다. 이 세대를 위해 우리도 그렇게 하자. 리더가 필요한 곳은 어디에나 있다. 위기의 순간에 세상의 부름에 귀 기울이자. 지역사회나 공동체에서 자원봉사를 하고 리더십을 발휘할 수 있는 기회가 많다. 조직 내에도 아직 드러나지 않은 힘과 잠재력이 많다.

지금부터 리더십이 필요한 부분을 찾아 의미 있는 봉사로 사람들을 하나로 모으는 일에 헌신하자. 세상의 발전을 위해 우리가 리더의 역할을 맡아야 한다.

때는 지금이다

관찰자, 감독, 수호자, 전사, 사랑의 실천자, 리더 역할들은 언제든지 맡을 수 있다. 이 역할을 제대로 해내려면 그 어느 때보다 현재에 집중해야 한다. 그러면 동기부여가 되고 삶이 되살아날 것이다. 활기가 넘쳐날 것이다.

이 모든 역할을 한 번에 숙달할 수 있는 사람은 없다. 그렇다고 소홀히 여겨도 된다는 뜻은 아니다. 지금부터 이 역할들에 대해 열심히 공부하고 모든 힘과 존재감을 쏟아부어 현재에 집중하면서 최선을 다해 수행하자.

삶의 모든 순간을 아무런 생각 없이 스쳐 지나가면 제대로 사는 것이 아님을 깨달아야 한다. 현재와의 연결고리가 끊어지지 않는 쪽을 선택하면 희망의 빛이 비칠 것이다. 눈앞의 현재를 외면하면서 더 나은 미래를 바라서는 안 된다. 지금 이 순간을 귀하게 여기면서 살아가는 법을 배워야 한다. 현재가 우리에게 주는 모든 것과 우리가 현재에 내어주기로 선택하는 모든 것이 소중하다. 우리는 살면서 어떤 역할을 수행하고 세상에 어떻게 반응할 것인지를 직접 선택해야 한다. 그래야 시간이 지날수록 우리의 인성과 운명이 우리가 원하는 대로 만들어진다. 이러한 노력을 통해 우리는 삶의 거대함과 자유, 현재라는 선물을 다시 발견할 것이다.

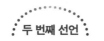
인생의 의제를 찾아라

하루는 분명한 목표를 가지고 평온하게 일하는 자의 것이다.

– 랄프 왈도 에머슨Ralph Waldo Emerson

인간의 본성은 우리를 자립과 자유로 이끈다. 진정한 자신이 되어 꿈을 추구하는 것보다 뜨거운 욕망은 없다. 그렇기에 매일 자신에게 중요한 일을 하면서 자연스럽고 진정한 삶을 살아갈 때 우리는 큰 기쁨을 느낀다. 반면 전혀 열정을 느끼지 못하는 일을 하면서 순응적으로 살아가는 하루하루가 계속 쌓이면 삶이 매우 불행해진다.

이 진리는 자유를 어떻게 표현하고 살아가는지 측정하는 기준을 알려준다. 바로 우리의 매일매일이다. 오늘 하루 우리는 진정한 자신의 모습으로, 진정한 목소리와 진실한 감정, 타고난 힘을 표현하면서 보냈는가? 산만함이나 쓸데없는 일의 노예가 되지 않고 하루 대부분을 의미 있는 활동에 보냈는가?

살다 보면 삶과의 연결고리가 끊어지기 쉽다. 자신이 원하는 것을 잊어버리고 목표에서 벗어난다. 남이 하라는 대로 한다. 거절하지 못해서 정작 자신에게 중요한 일에 쓸 시간은 없어진다. 이것이 대다수의 현실이다.

하지만 자유와 위대함은 하루를 제어하는 자의 것이다. 그들은 삶의 의제와 방향에 대한 차원이 다른 통제력을 가지고 있다. 그들은 매일 하루가 모여서 특별한 운명으로 나아간다는 것을 잘 알기에 하루하루를 소중히 여긴다. 인생의 마지막에 창조주 앞에 서서 다음의 질문에 대답하는 기분으로 하루를 살아간다.

내가 매일 선물로 준 시간을 목적 있는 삶을 사는 데 사용했느냐?

자신의 길을 따라가며 시간을 의미 있게 썼느냐?

내가 네 영혼에 뿌린 꿈을 얼마나 정성껏 돌보았느냐?

그들은 매일 새로운 하루를 시작할 때마다 이런 질문을 받는 것처럼 살아간다. 목적의 창을 미래로 이어지는 들판에 힘껏 던지고 그 창을 주워 더 힘껏 앞으로 던지는 임무를 수행한다.

매일 그들은 목표에 도달하기 위해 집중하고 부지런하다. 길을 잃었다고 느껴지면 마음을 가다듬고 잠시 멈추어 생각한다. '지금 나는 올바른 길에 놓여있는가? 원하는 곳으로 나아가고 있는가?' 옆길로 새어 절망의 골짜기에 빠진 자신을 발견하면 머리를 꼿꼿이 들고 다시 높은 곳으로 올라가서 현재 자신이 어디로 향하고 있는지를 살펴본다. 자신이 원하는 곳이 맞는지, 빛나는 목적의 창이 어디에 있는지 확인한 후 다시 지평선 넘어 위대한 운명으로 향하는 길을 찾는다. 그리고 엄청난 헌신으로 이 여정을 계속한다. 분명한 삶의 목적이 있기에 매일 아침 그 목적에 충실하고 열정이 가득한 채로 일어난다. 아무리 힘든 시련이 찾아와도 절대 포기하지 않고 목표가 있는 곳을 바라본다. 장애물을 뚫고 나갈 방법을 기어코 찾아 마침내 꿈을 이룬다. 꿈을 이루지 못하더라도 생의 마지막 순간까지 노력한 대가로 천사를 만날 것이다.

그들은 결코 정처 없이 헤매거나 다른 사람의 야망을 위해 행진하면서 하루를 보내지 않는다.

방향도 열정도 없고 노력을 두려워하며 불평만 하는 이들에게는 확실한 목표가 없다. 목표가 있다고 해도 끝까지 나아가지 못한다. 하찮은 일을 몇 가지 해놓고 앞으로 나아가고 있다는 착각에 빠져서 올바른 방향으로 가고 있는지 멀리 보지 못한다. 그들은 너무 두렵거나 너무 게으르거나 남들이 이끄는 대로 따라가느라 자신의 꿈을 추구하지 못한다. 진정한 헌신으로 진정한 욕망을 위해 노력하지 않는다. 앞으로 나아가거나 산을 오르지 못하는 핑계만 계속 댈 뿐이다. 자신 안에 잠재된 힘을 사용해야 할 책임을 느끼지 못한다. 무의식적으로 혹은 조용한 부정 속에서 살아가므로 인생의 의제가 없다는 진실을 마주할 수 없다. 진정한 자신으로 진정한 목적을 추구하지 않으므로 결코 그들의 영혼에는 위대함의 흔적이 스며들지 못한다.

우리는 둘 중 하나다. 목적의 창을 들고 끊임없이 노력하는 사람이거나 변명만 하는 낙오자이거나. 과연 어느 쪽이 우리의 현실이 될까? 다른 사람들의 요구와 세상의 수많은 방해물에 휩쓸려 삶의 방향이 없는 채로 살아가야 할까? 아니면 몇 주가 몇 달이 되고 몇 달이 몇 해가 되는 동안 이기거나 지거나, 기쁨으로 가득하거나 후회로 가득하거나, 목적이 있거나 그저 낭비하는 삶을 살게 되리라는 사실을 진지하게 받아들여야 할까?

오늘 당장 순응과 산만함의 손아귀에서 우리 인생의 의제를 가져오자. 삶의 목표를 가지고 빠르고 부지런히 앞으로 나아가자. 매일의 단순한 노력이 엄청난 힘이 되어 자유로운 삶을 향해 나아갈 수 있다는 사실을 잊지 마라.

하루의 일정표가 분노가 아닌 아름다움으로 가득하도록 인생의 의제를 계획하라. 자유와 초월을 향한 삶이 되도록 말이다. 일정표에서 의미 없는 과제는 없애고 더 높은 기준과 더 높은 차원의 기쁨과 목적에 이르러야 한다. 의식적으로 하루를 설계하고 의제를 고수하면 하루하루 예술적이고 성취감 있는 시간을 보낼 수 있다. 하지만 그렇게 하기 위해서는 자기 인생의 의제를 타인이나 무의미한 것들에 넘겨주는 습관을 철저하게 분석해야 한다. 거절하는 법을 배워야 한다. 집중하는 법을 배워야 한다. 우리의 시간과 꿈과 영혼을 지키기 위해 더 열심히 싸워야 한다.

하루를 어떻게 보내는지가 우리의 삶에 엄청난 영향을 끼친다는 사실을 명심하고 나의 하루에 대해 생각해 보자. 목표와 의미 있는 삶을 즐기는 것에 대해 진지하게 생각해 보라. 하루의 모든 시간을 좀 더 소중하게 여기고 산만함과 허튼소리에 우리의 삶을 포기하지 말자.

스스로 자신의 길을 만들고 하루를 제대로 보내야 한다. 그러니 이제 선언하자. 나는 인생의 의제를 찾을 것이다.

길에서 벗어난 삶

인생의 의제를 직접 통제하지 않고 있다는 사실을 알거나 인정할 사람은 거의 없을 것이다. 어떻게 알 수 있을까? 우리가 인생의 고유한 길을 벗어났다는 것을 말해주는 것은 무엇일까? 명백한 현실과 미묘한 암시로 알 수 있다.

진정한 자기표현과 기쁨과 활기와 만족감이 부족하다면

인생의 의제를 스스로 통제하지 못하고 있는 것이다. 순응, 지루함, 피로, 불만으로 가득한 삶을 스스로 계획할 사람은 없기 때문이다. 실패에 대한 두려움 때문에 꿈을 외면하고 일상에서 고통과 슬픔을 느끼는 사람이라면 자신의 감정과 인생의 방향을 스스로 제어하지 못한다는 뜻이다.

우리는 물어야 한다. "나는 일터에서 진정한 내가 아니라 다른 사람처럼 되었는가? 나는 부모님이나 친구나 애인을 기쁘게 해주기 위해 다른 사람처럼 행동하는가? 자기성찰을 거치지 않은 행동이 문제를 초래하거나 진정한 내가 되지 못하게 하는가? 주변 사람들이 내가 누구인지, 무엇을 원하는지 전혀 모르는 것 같은가? 나는 자신이 원하는 것에 대한 진정한 성찰 없이 맹목적으로 남을 따르는가? 내가 이 직업을 가지고 있거나 이 주제를 연구하거나 이 취미활동을 하는 것도 그래서인가? 나는 이런 삶의 방식에 갇혀있다고 느끼는가?"

이도 저도 못 하고 갇힌 듯한 느낌이 든다는 것이 바로 증거다. 삶의 어떤 측면에서든 갇혀있다는 느낌은 스스로 인생의 의제를 추구하는 것이 아니라 순응의 사슬에 묶여있다는 뜻이다. 타인을 만족시키려고 애쓰거나 사회적으로 지배적인 생각이나 타인의 기대에 따르면서 엉뚱한 인생 게임에 참여하는 것이다.

좀 더 명백한 신호는 자신의 삶에 대한 지속적인 느낌이다. 필요하다고 생각하는 모든 것을 얻었고 어떤 기준으로 보나 만족스러워야 하는데 뭔가 '빠진' 느낌이 든다면 문제가 있는 것이다. "어떻게 지내?"라는 질문을 받았을 때 즉시 긍정적인 대답이 떠오르지 않는다면 그게 무슨 의미일까? 자신이 원하는 길을 가고 있지 않다는 뜻이다. 이 질문에 대해 진지하게 생각했을 때 "음…… 괜찮은…… 것 같아."라고 일상적인 거짓말로 대답하게 된다면 특히 그렇다. 괜찮다는 말은 순응적인 삶을 뜻하기 때문이다.

괜찮다는 말은 사실 삶에 열정이 서서히 사라지고 있다는 뜻이다. 인생이 지루하다는 뜻이다. 그저 하라는 대로만 하는 삶에 질려버렸다는 뜻이다. 너무 오랫동안 다른 사람의 박자에 맞춰 행진했다는 뜻이다. 더 많은 모험과 열정, 친밀감, 창의적인 표현, 더 큰 기여와 추진력, 자립, 자유, 활력을 갈구한다는 뜻이다. 그냥 괜찮기만 한 삶은 진정으로 생명력 넘치는 삶이 아니다. 단순히 감사함을 넘어서 열정과 흥분이 넘치는 환상적이고 경이로운 삶이어야 한다.

또 다른 미묘한 문제 신호는 자신에게 중요한 것들에 대해 침묵하는 것이다. 원하는 것이 있지만 요구하지 않는다는 것은 주변에서 하라는 대로 하거나 그냥 흘러가는 대로 살아간다는 뜻이다. 우리는 이렇게 물어야 한다. "세상은 내가 어떤 사람인지 아는가? 가족과 친구들은 내가 누구인지 진정으로 원하는 것이 무엇인지 아는가? 나의 동료와 리더들은 내가 진정으로 배우고 성취하고 이바지하고자 하는 것이 무엇인지 아는가?" 대답이 "아니다."라면 진정한 자신으로 살아가지 않거나 목소리를 내지 않는다는 뜻이다. 그런 침묵은 거절에 대한 두려움 또는 건강하지 못한 수준으로까지 '타인'이 원하는 것에 맞추려는 상태를 뜻한다.

순응의 침묵에는 아무것도 없다. 생명이 진동하는 소리도, 알을 깨고 나오려는 소리도, 천둥처럼 울려 퍼지는 개성도 없다.

그 침묵 속에는 고통만 있을 뿐이다. 자신을 위해 목소리를 내고 자신이 원하는 것이 무엇인지 세상에 말하는 것은 자유로운 삶의 기본적인 행동임을 잊지 말자.

인생의 의제를 찾지 못한 사람에게서 나타나는 또 다른 분명한 특징은 집중력이 부족하다는 것이다. 현대 사회에는 우리의 주의를 산만하게 해서 삶의 목적과 진보를 방해하는 것들이 넘쳐난다. 중요한 것으로 다시 주의를 돌리지 않으면 영혼도 목적도 없는 온갖 기술과 기기들에 중독되어 삶을 통제당할 정도로 위험한 상황이다. 인류는 점점 빠른 속도로 도구의 노예가 되고 있다. 매일 우리는 디지털 기기에 몇 시간씩이나 허비한다. 스스로 선택한 것이 아니라 디지털의 파도에 속절없이 휩쓸린 것이다. 지금 우리는 그 속에서 가라앉고 있다. 인터넷과 각종 앱에 둘러싸여 의미 없는 하루를 보낸다. 끊이지 않는 클릭과 스와이프가 우리의 추진력을 방해하고 진정한 목적이나 성취 따위는 잊어버리게 만든다. 수많은 과제를 빠르고 효율적으로 처리하는 것처럼 보이지만 사실은 전혀 중요하지 않은 모든 것들을 계속 확인하고 있을 뿐이다. 수량화된 자아의 이 시대에는 잠을 얼마나 자고 얼마나 걷고 몇 칼로리를 소비하고 몇 페이지를 보는지 같은 것들이 전부 측정된다.

사진과 영상으로 개인의 움직임을 전부 기록한다. 하지만 우리는 우리 자신에 대해 아무것도 알지 못한다. 영혼이 아니라 성적에만 신경 쓴다. 경험에서도 깊이를 추구하지 않고 그저 데이터를 모으는 데만 급급하다. 삶을 개선하는 데 필요한 수치는 모두 마련되었지만 멍한 감각을 어떻게 없앨지는 알지 못한다. 오히려 자신의 삶과 단절된 채로 유대감이나 즐거움을 위해 다른 사람들의 삶을 엿보고 있다.

하지만 우리가 진정으로 측정하고 확인하고 개선해야 할 것이 있다면 그것은 바로 우리의 이야기와 캐릭터, 우리의 행동이다. 내가 누구이며, 세상을 어떻게 경험하고 관계를 맺는지 말이다. 인생의 의제를 찾는다는 것은 이렇게 질문한다는 뜻이다. "나는 진정한 자신과 현재의 모습이 자랑스러운가? 지금 내가 하는 일과 기여에 만족하는가? 오늘 하루 주어진 모든 기회에 감사하고 가장 진실한 삶을 살고 최고의 내가 될 수 있도록 목적을 가지고 그 기회를 사용했는가?" 이 질문으로 자신을 살펴야 한다. 결국 삶에서 중요한 측정 기준은 이것뿐이기 때문이다.

집중을 방해하는 디지털 중독에서 벗어날 수 없다면 그 것이 자신에 대해 무엇을 말해주는지 과감한 질문을 던져라. 디지털 중독도 중독이므로 우리는 술의 유혹을 이기지 못하는 알코올 중독자나 카지노의 유혹을 이기지 못하는 도박 중독자와 다를 바 없다.

뭔가를 계속 확인해야 한다는 강박감에 시달리는 사람들은 이렇게 살아간다. 그들은 매일 눈뜨자마자 제일 먼저 메시지를 확인한다. 다른 누군가가 단순한 변덕으로 몇 시간이나 몇 분 전에 올린 글을 놓쳤을지도 모른다는 생각으로 두려워한다. 그들이 두 번째로 하는 일은 하루를 자신이 아닌 남을 위해 쓰는 것이다. 그들은 자신의 꿈을 위해 해야만 하는 일이 아니라 남들의 욕구나 요청에 반응하느라고 시간을 쓴다. 자신에게 진정으로 영향을 끼치는 사람이든 바보 멍청이에 불과한 사람이든 그들은 똑같이 열성과 헌신으로 반응한다. 타인의 요구를 들어주는 것에 중독되어 있어서 우선순위도 없이 무조건 반응하는 것이다. 아무것도 성취하지 못하고 그냥 사람들에게 반응하느라 온종일 바쁘다. 비전은 없고 그저 반응만 있다. 뒤처질지도 모른다는,

스스로 불러온 두려움 때문이다. 그들의 삶의 목표는, 목표라고 할 수 있을지도 모르겠지만, 그 무엇도 '놓치지' 않고 경주에서 '뒤처지지' 않는 것이다. 하지만 애초에 그 경주에 참여해서도 안 되었고 절대로 이길 수도 없을 것이다.

이런 사람이라고 해도 용기를 낸다면 달라질 수 있다. 매일 하루를 좀 더 의도적으로 살아야 한다. 내가 진정으로 원하는 것에 관심을 쏟는 하루를 만들어야 한다.

의미 있는 하루

인생의 의제를 추구하려면 무엇이 필요할까? 그것은 바로 명확한 기준과 방향, 진전이다.

현재 상태를 명확하게 진단하려면 먼저 인간의 모든 경험이 두 가지로 나뉜다는 사실을 깨달아야 한다. 그 두 가지는 의미 있는 활동과 의미 없는 활동이다. 이 사실을 알면 우리의 하루를 명확한 기준으로 평가할 수 있다. 매일 하는 일들은 의미가 있는가? 나를 바쁘게 하는 모든 일이 내

가 인생에서 중요하다고 생각하는 것과 일치하는가? 이것
은 의지가 단호한 사람들이 던지는 질문이다. 이 질문은 모
든 것을 다시 평가해 보도록 해준다. 우리 앞에 놓인 모든
업무와 책임, 기회를 이제 이 기준으로 다시 생각해 봐야 한
다. 내 목표와 일치하는지, 삶에 활력을 가져다주는지, 충만
감을 느끼게 해주는지. 의미가 없다고 판단되는 활동들은
단호한 의지로 그만두어야 한다.

불평하는 사람들도 있을 것이다. '답이 마음에 안 들어.
아무도 이해 못 하겠지만 난 아무리 끔찍해도 이 일을 해야
만 해. 직업은 내가 선택할 수 있는 게 아니라고.' 이렇게 생
각하는 사람들은 시간이 흘러 좀 더 성숙해져야만 진실을
깨달을 수 있을 것이다. 감정과 마찬가지로 일도 선택할 수
있다는 사실을 말이다. 그 선택의 힘을 사용할지는 개인에
게 달려있다. 만약 지금 하는 일이 마음에 들지 않는다면 세
가지 선택권이 있다. 첫째, 자신이 하는 일을 계속 증오하거
나, 둘째, 관점을 바꾸고 현재 하는 일에서 의미와 기쁨을
찾거나, 셋째, 아무런 열정도 느끼지 못하는 일을 그만두고
영혼에 울림을 주는 새로운 일을 찾는다.

모든 사람이 언젠가는, 최대한 책임감 있게, 마지막 옵션을 선택해야 할 것이다.

일이 마음에 안 들면 매번 그만두어야 할까? 아니다. 어떤 일이든 계속한다면 성공할 수 있다. 어떤 경험의 토양에서든 위대함을 키울 수 있다. 하지만 알다시피 위대함의 씨앗은 경멸하는 일의 노예가 된 사람의 비통한 마음보다 사랑하는 일을 하는 사람의 마음속에서 더 빨리 자란다.

싫어하는 일을 평생 하면서 살아가는 사람들도 있다. 이렇게 물을 용기가 없기 때문이다. "만약 내가 강하고 자유로워서 더 흥미롭고 만족스러운 일을 찾을 수 있다면 어떨까? 내가 원하는 일을 찾지 못하는 이유가 단순히 중요한 것에 집중하지 못하는 산만함 때문에 목표를 명확하게 알지 못해서라면?" 이 대담한 질문은 새로운 욕망을 일으키고 내면의 힘을 불러올 것이다.

방향 정하기: 선언문 작성하기

―

우리는 더 나아가야 한다. 현재의 경험을 평가해서 매일 하는 일이 자신에게 과연 의미 있는지를 명확하게 아는 데서 그치지 않고 적극적으로 삶의 방향을 세워야 한다.

지금 이 순간부터 나의 임무는 무엇인가?

나의 행동 계획은 무엇인가?

어떤 단계가 필요한가?

이것은 전혀 철학적인 질문이 아니다. 그냥 자리에 앉아서 앞으로의 삶의 초점과 방향에 대해 적으면 된다. 분명한 선언과 지시 사항이 없으면―글로 적고 검토하고 업데이트하고 실천해야 한다―다른 사람들과 똑같은 삶을 살 수밖에 없다. 자신의 희망과 의도와는 상관없이 타인이 이끄는 대로 또는 바람에 휩쓸리듯 끌려가 남이 원하는 삶을 살아야한다. 그러니 열정과 선택으로 가득한 마법 같은 지금 이 순간, 답을 적어보자. 오늘 꿈을 적어 내일부터 하루를 진정한 나의 것으로 만들자.

- 내가 인생에서 정말로 추구하는 것은 무엇인가?
- 내가 진정으로 창조하고 기여하고 싶은 것은 무엇인가?
- 나는 매일 세상에 어떤 모습을 보여주고 싶은가?
- 나는 어떤 사람들을 사랑하고 곁에 두고 싶은가?
- 내가 약해지거나 산만해질 때 계속 앞으로 나아가게 해주는 위대한 목표는 무엇인가?
- 나의 궁극적인 유산은 무엇인가?
- 원하는 삶을 살기 위한 노력을 시작하고 지속하기 위해 어떤 단계가 필요한가?
- 목표를 성취하기 위해 이번 주, 이번 달, 올해의 하루하루를 어떻게 보낼 것인가?

어떤 삶을 살 것인지에 대한 선언문이 되어줄 이 답을 꼭 적어야 한다. 이 선언문을 쓰지 않은 사람은 스스로 인생의 방향을 이끌어간다는 착각에서 빠져나올 필요가 있다. 자기 주도성이 없는 삶은 자신의 의지가 아니라 세상에 순응해 앞으로 나아가는 배일 뿐이다. 의도와 이따금 하는 사색만으로는 세상에 순응하는 삶이나 목표가 없는 하루에서 벗어나기가 어렵다. 국가들이 선언과 헌법을 문서로 작성하는 데는 다 이유가 있다. 아무리 강한 사회라도 지시 사항을 문서로 작성하지 않으면 인간 행동의 무작위성으로 모든 것이 흐지부지된다. 그래서 반드시 선언문을 글로 작성하고 틈틈이 다시 읽고 스스로 정한 의제에 일치하는 행동을 해야 한다.

선언문을 작성하고 내일부터는 거기에 담긴 목표를 이루기 위한 일들을 하면서 하루하루를 보내야 한다. 목표를 위해 고군분투해야 한다. 매일 아침 일어나 인생의 목적을 상기하면서 그날의 구체적인 목표를 적는다. 하루의 가장 값진 시간에 하루의 일정을 계획하는 것이다. 밤에 다짐한 것들은 하루가 밝아오면 쉽게 잊힐 수 있으므로 이 소중한 아침 시간을 낭비해서는 안 된다, 쓸데없는 일들에 소중한 하루가 허비되지 않도록 미리 일과를 정해놓아야 한다. 아침에 일어나 적는다. 오늘의 나는 어떤 사람이 될 것인가? 어떤 꿈을 좇을 것인가? 오늘 무슨 일이 있어도 무엇을 반드시 창조하고 성취할 것인가? 누구에게 가치와 사랑, 감사를 줄 것인가? 오늘 밤 베개를 베고 누웠을 때 성취감과 감사함을 느끼게 해줄 일은 무엇인가?

이것은 의도적이고 독립적인 삶이다. 동기부여가 된 사람이 사는 방식이다. 자유로운 삶의 모습이다. 이런 식으로 추구하지 않는 목표는 그저 희망 사항에 불과하고 점점 더 위대함과 멀어진다.

장애물을 뚫고 진전

어떤 사람들은 삶의 주도권을 되찾는 것을 불가능하다고 여길 것이다. 자기 잠재력을 의심해서가 아니라 타인에게 묶여있다고 느끼기 때문이다. 그들은 이렇게 말할 것이다. "누가 날 이해하겠어. 나는 다른 사람들의 요구를 충족해 줘야 해. 주변 사람들을 사랑하고 보살피느라 내 하루를 내 마음대로 보낼 수가 없어. 나는 내 꿈을 희생하고 사랑과 의무의 이름으로 의미 있는 일들을 해야 해. 다른 사람들을 기쁘게 해주느라 내 삶을 발전시키거나 나만의 기쁨과 자유를 누릴 수가 없어." 시간이 지나 성숙해져야만 그런 상황에서도 선택권이 가능하다는 사실을 깨달을 것이다.

우리 주변의 그 누구도 우리가 꿈을 향해 나아가지 못하도록 막을 수 없다. 믿지 않는다면 피해자의 의식에 빠지는 것이다. 하루를 어떻게 보낼지는 결국 자신의 선택이다.

그러면 어떻게 해야 할까? 원하는 삶을 살기 위해 우리를 필요로 하는 모두를 버려야 할까? 더 성숙한 선택은 우리가 선택한 역할을 제대로 수행하면서 자신의 꿈과 욕구를 지키는 방법을 배우는 것이다. 좋은 엄마 역할을 계속하면서 매일 꿈을 향해 부지런히 노력할 수 있다. 사람들의 성취를 도와주는 좋은 리더가 되는 동시에 오늘의 목표를 향해 열심히 뛸 수 있다. 다른 사람들의 요구에 대응하면서 내 인생의 의제를 추구하기 위해서는 거절의 기술을 배워야 한다. 우리가 직장에서나 주변에서 쏟아지는 부탁과 징징거림을 무조건 들어주어야만 한다는 법은 없다.

그렇다고 우리를 필요로 하는 사람들에게 사랑과 책임을

다하는 기쁨을 아예 포기해야 한다는 뜻은 아니다. 특정한 사람들을 사랑하고 보살피는 일이 삶의 의미를 가져다준다면 그렇게 해야 한다. 딸아이들을 축구 경기에 데려다주는 것이 우리의 의미 있는 하루에 방해가 되지 않는다. 하지만 집중을 방해하는 온갖 것들, 옆에서 어슬렁거리는 사람들, 임의적인 상황이 의미 있는 하루를 보내는 것을 가로막지 않게 해야 한다.

대개 거절하는 방법을 모르는 것이 스트레스와 불행의 원인이다. 타인의 요구를 들어주느라 끊임없이 피해자의 역할을 자처하는 사람들을 주변에서 쉽게 볼 수 있다. 그들은 직장에서도 남들이 부탁한 업무를 처리하느라 늘 고투한다. 스스로 선택하거나 계획하지 않은 촉박한 마감 시간에 쫓겨 항상 지치고 정신없이 바쁜 모습이다. 그들은 항상 지시를 기다리는 모습이고 그들의 일정표는 실행 계획표가 아니라 고정적인 패턴에 가깝다. 남의 비위를 맞추기만 하고 자신의 욕구는 돌보지 않는다. 그들이 하는 노력이라고는 다른 사람의 일정과 다른 사람들이 원하는 것에 맞추려는 것뿐이라 그들의 삶은 목적 없는 여정이다. 타인의 통제와 기대에 짓눌린 고통스럽고 고된 삶이다.

우리는 개인의 욕구와 야망과 우리가 사랑하고 봉사하고 이끌어야 하는 사람들의 욕구와 야망의 균형을 맞추어야 하는 영원한 난제에 부딪힌다. 하지만 희생자의 마인드셋에 빠져서는 안 된다. 우리가 사랑하고 아끼는 이들을 포함해 사람들은 항상 우리의 시간과 관심을 요구할 것이다. 부모님은 우리가 자주 시간 내어 이야기를 들어주기를 바라고 친구와 이웃들은 파티나 모임에 초대할 것이다. 교회나 정당, 자원봉사 단체도 우리의 관심을 원하고 직장 상사는 우리가 24시간 대기하고 즉각 응답하기를 바랄 것이다.

그런 요청에 어떻게 답해야 할까? 전부 다 받아들인다면 의무에 파묻혀 버릴 것이다. 우리가 할 수 있는 일은 비록 다른 사람들의 마음에 들지 않더라도 거절을 좀 더 자주 하는 것뿐이다. 개인적으로나 사회적으로 의미 있고 우리가 원하는 삶으로 나아가게 해주는 일에만 "예스"라고 해야 한다.

타인을 만족시키고 싶어 하는 우리의 마음을 알아차리고 들러붙는 사람들이 언제나 있을 것이므로 경계를 늦추지 말아야 한다. 그런 사람들은 검은 까마귀처럼 위에서 계속 급습해 우리의 삶을 갉아먹는다. 계속 곤란한 부탁을 하는 직장 동료, 끊임없이 문제를 일으키고 자꾸 연락해 오는 예전 여자친구, 예전에 한 번 도와준 뒤로 손가락도 까딱하지 않으려는 직원. 이런 사람들이 계속 나타날 것이다. 그들은 우리의 목표나 운명에 대해 신경 쓰지 않는다. 거절하는 법을 배우지 않으면 그들의 기회주의가 우리를 괴롭힐 것이다. "미안하지만 작은 부탁 하나만 더 할게."라는 사람들에게 매끄럽고도 단호하게 말하는 방법을 배워야 한다. 이렇게 말하자. "지금은 도와줄 수 없어요. 미룰 수 없는 계획이 있어서 당신의 갑작스러운 위급 상황을 들어줄 수가 없네요." 이렇게 말하면서 사과할 필요는 없다. 우리가 우선통행권이 있는데 갑자기 차로 달려든 사람에게 사과할 필요가 없는 것처럼 말이다. 사과해야 한다면 이렇게 능숙하게 말하자. "도와주고 싶은데 오래전부터 예정된 과제와 프로젝트 때문에 시간이 꽉 차서 갑자기 부탁하신 일을 들어드릴 수가 없네요."

인생의 의제를 다시 한번 꽉 잡아야 한다. 우리가 사랑하고 보살펴 주고 싶지 않은 이들이 우리에게 부탁을 들어줄 것을 강요한다거나 절박한 상황을 호소할 수 있다. 이렇게 말하는 것을 절대로 두려워하지 말자. "안 됩니다. 지금은 도와줄 수 없어요."

항상 도움이 필요하거나 준비성이 부족한 사람들은 우리가 신경 쓸 문제가 아니다. 그들의 삶은 우리의 책임이 아니다. 나는 다른 사람들이 망가뜨린 것을 고쳐야 할 책임이 없다. 내가 주변의 모든 사람을 구해줘야 할 필요는 없다.

내 인생의 의제를 단호하게 지키면 어떤 일이 일어날까? 거절하는 법을 배우면 어떻게 될까? 차차 사람들도 나를 이해하고 존중하고 무리한 부탁을 하지 않게 될 것이다.

하지만 착각하면 안 된다. 우리가 거절하면 분명히 화낼 사람들이 있을 것이다. 우리의 자유의지와 자립심을 마음에 들어 하지 않고 "네가 그렇게 잘났어?"라는 식으로 생각할 사람들이 분명히 있다. 그들은 우리를 계속 휘두르려고 안간힘을 쓸 것이다. 조롱하거나 죄책감을 느끼게 하는 방법으로 우리를 다시 그들의 손아귀에 넣으려고 한다. 그들은 사랑과 희생을 내세워 우리가 그들에게 영원히 빚을 졌다고 주장할 것이다. "어떻게 감히 나를 거절해? 어떻게 나를 도와주지 않고 혼자 내버려 둘 수 있어? 내가 너에게 얼마나 많은 것을 해줬는데 작은 부탁도 안 들어주는 거야?"라는 식으로 말이다. 하지만 그때 타협한다면 또다시 무리한 요구의 거미줄에 휘말린다. 우리가 자주 거절하면 상대방은 괴롭힐 다른 사람을 찾거나 아무런 도움도 받지 못하면 결국 자기 힘으로 하려고 할 것이다.

그렇다. 사람들의 부탁을 거절하면 적대감을 일으키고 환심을 잃고 충성심이 깨지고 인기가 위협받을 것이다. 하지만 그럴수록 우리의 자유의지는 점점 더 커질 테니 상관없다. 위대한 사람은 역사를 만드는 과정에서 죄책감을 느끼거나 자신의 자립심과 규율, 단호함을 마음에 들어 하지 않는 사람들로부터 반발을 겪을 수밖에 없다.

하찮은 사람들은 계속 불평하라고 하자. 어리석은 불안이나 분노로 부들부들 떨라고 하자. 우리가 며칠, 몇 주, 몇 달 동안 계속 우리만의 영역을 지키고 죄책감이나 압력에 굴복하지 않고 나만의 꿈이 있다고 분명하게 말한다면 우리를 괴롭히는 사람들이나 아무것도 모르는 바보들은 마침내 우리를 그냥 내버려 둘 것이다. 그러면 목표에 집중하지 못하게 만드는 타인의 요구라는 사회적 압박에서 벗어나 자유로워진다. 탁 트인 자유로운 공간에서 내 삶을 만들고 설계할 수 있다. 타인의 부당한 요구를 거절할수록 열정과 행복을 추구하고 사랑하는 사람들을 위하고 함께 시간을 보내며 살아갈 수 있는 삶이 열린다.

하지만 우리에게 계속 뭔가를 요구하고 목표에 집중하지 못하게 하는 이들이 우리가 사랑하는 사람들이라면 어떻게 해야 할까? 인내심을 가질 필요가 있지만 현실적인 감각을 잃으면 안 된다. 목적 있는 하루를 보내지 못하도록 방해하는 사람들이 누구든지 매끄럽게 대처할 필요가 있다. 가족이라도 마찬가지다. 어린 아들에게 이렇게 말하자. "엄마는 앞으로 두 시간 동안 집중해야 해. 엄마에게 아주 중요한 일이야. 그러니까 두 시간 동안은 엄마 사무실에 들어가면 안 돼." 성숙한 육아만이 아이가 엄마를 방해하지 못하게 한다. 목표를 위해 단호해질 필요가 있다. 사무실 문이 닫혔을 때는 긴급한 상황이 아니면 들어오지 말라고 아이들이나 팀 동료들을 훈련해야 한다. 저녁에 독서나 명상, 창작을 위한 시간이 필요하다고 배우자에게 애정을 담아 부탁할 수도 있다. 의무적으로 참석해야 한다고 느끼는 파티나 모임, 공식 행사를 거절할 수 있다. 처음에는 찡그리거나 침통한 표정의 반응이 돌아올 수도 있지만 우리가 인생의 목적이 있는 사람이라는 사실을 그들도 점차 이해하게 될 것이다. 우리의 일정을 더 존중할수록 함께할 시간이 더 늘어난다는 것도.

우리의 목표는 냉정하거나 절대로 곁에 있어 주지 않는 사람이 아니다. 우리의 정신과 진보, 자유를 보호하는 것이다. 다시 한번 강조하지만 진정으로 원한다면 우리가 사랑하고 이끌어야 할 사람들에게 시간과 관심을 내어주어야 한다. 주변 사람들에게 잘하는 것은 올바르고 책임감 있는 일이다. 하지만 장기적으로 내 꿈이나 정신 건강에 해로워서는 안 된다. 그리고 부정적인 것들을 전부 거절하면 당연히 진정으로 가까운 사람들에게 애정과 관심을 쏟을 시간이 더 늘어날 수밖에 없다.

어떤 사람들은 '타협은 절대로 불가능한가? 내 욕구와 주변 사람들의 욕구를 중간지점에서 타협하면 안 될까?'라고 생각할 것이다. 그럴 수도 있다. 하지만 다른 사람들을 위해 하루 일정에 몇 가지 과제를 추가하는 것과 인생의 의제 자체를 타협하는 것은 엄연히 다르다. 타인을 기쁘게 하는 것이 나만의 길과 진정한 열정을 포기하게 만드는 것이라면 절대로 타협하면 안 된다. 타협은 내가 무언가를 포기하고 상대방 역시 무언가를 포기한다는 뜻이다. 우리는 꿈을 전부 포기해서도 안 되고 우리 인생의 10년을 누군가에게 넘겨서도 안 된다. 물론 개인적 자유로 가는 길에서 다른 사람들을 돕고 사랑할 수는 있지만 자유를 타협할 만큼 너무 많은 시간을 내어주어서는 안 된다. 사랑하는 사람들을 보살피는 책임을 다할 수는 있지만 우리의 진전이 절대로 흔들리거나 멈춰서는 안 된다. 그러면 다시 세상의 노예가 된다. 꿈을 죽이면서까지 누군가를 돕는 것은 거짓 순교자가 되고 싶은 에고일 뿐이다.

큰 그림을 명심해야 한다. "내 꿈과 욕구는 몇 년 뒤로 미뤄도 괜찮아. 사람들한테 내가 필요하니까."라는 약자의 거짓말로 세상과 타협하느라 꺼져버린 꿈이 얼마나 많은가. 하루 종일 다른 사람들의 요구에 답하기만 하다가 완전히 지치고 꿈에는 한 발짝도 다가가지도 못한 채 하루를 끝마치고 잠자리에 든다. 불안함 속에서 잠들어 다시 일어나보면 역시나 내가 아닌 남이 이끄는 대로 살아가는 삶이 기다리고 있을 뿐이다. 절대로 꿈을 타협하지 말자. 매시간 우리의 운명을 물물교환하지 말자.

저 멀리 꿈이 보인다면
진정한 힘과 의지, 일관성으로 그것을 향해 나아가라.

그냥 가만히 있으면 꿈이 약해지고 결국 죽는다. 사랑하는 사람들을 잠깐 도와주면서도 우리의 꿈이 완전히 멈춰버리지 않게 할 수 있다. 인생의 의제가 조금씩 진전되도록 매일 무언가를 할 수 있다. 어쩌면 다른 사람들을 꿈을 방해하는 장애물이 아니라 오히려 협력자로 바라보아야 할지도 모른다. 사랑하는 사람들에게 진정으로 원하는 삶이 무엇이고 왜 그것을 원하는지 말해준 적이 있는가? 팀원들에게 모두의 목표가 이루어질 수 있도록 새로운 작업 방식에 관한다 같이 아이디어를 떠올려 보자고 한 적이 있는가? 우리의 목표에 도움이 되도록 다른 사람들을 충분히 참여시키고 있는가? 주변 사람들을 조력자로 만들어 함께 성취할 때 진정한 진전이 이루어질 수 있다.

위대한 선언

▬

매일 우리는 온갖 방해물로 가득한 세상에서 인생의 길을 스스로 계획하는 선택을 내릴 수 있다. 자기 결정이 없으면 혼란의 바다에 표류하게 되고 지평선 너머에 보이는 것이라고는 고통과 지루함의 파도뿐이다. 따라서 '무슨 일이 있어도 오늘은 나의 하루다.'라는 마음가짐으로 매일 아침을 맞이해야 한다. 그런 태도로 시작한다면, 인생의 의제를 명확히 알고 계획과 선언문을 작성하고 매일 진심과 절제력으로 실행한다면, 끝까지 고수하고 싸우고 주도권을 잃지 않는다면, 어느 날 갑자기 동기부여가 되고 행복해지고 무엇보다 살아있는 자신을 발견할 것이다.

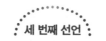

내면의 악마를 물리쳐라

자신을 의심하는 것은
맞은편에 서서 무기를 들고 자신을 향해 싸우는 것과 같다.

― 알렉상드르 뒤마Alexandre Dumas

삶에서 더 큰 존재감과 목적을 갖게 되면 내면의 힘과 생명력과 더 긴밀하게 이어질 수 있다. 내가 나의 잠재력을 어떻게 제한하는가도 분명하게 보인다. 자유와 성공을 방해하는 것이 상황이 아닌 우리의 생각이라는 사실을 깨닫게 된다. 불안과 두려움을 키우고 걱정의 파도로 우리 꿈을 떠내려가게 만드는 사람은 바로 우리 자신이다. 우리는 용기 있는 행동이 필요한 순간 포기해 자신의 진전을 막는다. 진정한 유대관계를 위해 위험을 무릅쓰지도 않고 남보다 우월감을 느끼려고 자신과 타인을 분리한다.

우리는 거울에 비친 자신을 보면서 용기에 미소 짓기를 원한다. 동기부여가 된 인생의 주인으로 살아가기를 원한다. 그러나 피곤한 눈을 잠깐만 들여다보아도 자신이 방해물임을 알 수 있다. 사실 우리는 거울을 보며 이렇게 중얼거릴 때가 많다. "또 너야? 왜 정신 바짝 차리고 네가 원하는 것을 향해 돌진하지 못하는 거야? 왜 도전하고 목소리를 내고 일관성 있게 노력하고 사람들과 유대관계를 맺지 못하는 거야?" 이렇게 나를 비판하는 내면의 악마를 만나는 날에는 너무 힘이 든다. 이런 날들을 이제 끝내야 한다.

위대함은 자기 내면을 다스릴 줄 아는 사람의 것이다. 사람은 누구나 자기 의심에 사로잡히지만 위대한 사람들은 그 속에서도 믿음을 찾고 다시 시작한다. 대다수는 되도록 행동을 미루고 싶어 하지만 위대한 사람들은 곧바로 행진한다. 대다수는 연약함을 드러내는 것을 피하고 타인 앞에서 우월한 척 행동하지만 위대한 사람들은 한결같이 열린 마음과 겸손함, 사랑을 보여준다. 이 소수는 운이 좋은 사람들이 아니다. 그들은 의도적인 연습을 통해 내면의 악마를 물리치는 데 단련된 사람들이다. 그래서 그들은 생명력과 동기부여, 자신감이 넘친다. 자기 억압에서 벗어난 사람에게 깨달음이 찾아온다.

삶을 가로막는 모든 것을 뿌리 뽑는 것을 목표로 삼자. 우리는 위대함으로 나아가지 못하게 만드는 내면의 모든 불안과 혼란으로부터 자유로워질 권리가 있다. 그러니 지금 바로 선언하자. 내면의 악마를 물리쳐라.

적은 내 안에

적을 알지 못하면 싸울 수 없으니 먼저 적에게 이름을 붙여야 한다. 위대한 미래로 나아가려는 우리의 의지를 가로막는 그 적에게 저항Defiance이라는 이름을 붙이자. 그것과의 싸움이 더 잘 그려지도록 형체도 부여하자. 우리가 찾아서 무찌르려는 대상을 시각화해 본다는 뜻이다. 이 저항을 머리가 셋 달린 기괴한 뱀이라고 생각해 보자. 이 악마는 우리가 위험을 무릅쓰려 할 때마다 가슴속 깊은 곳에서 마구 꿈틀거린다. 녀석이 으르렁거릴 때마다 우리는 자신이 부족한 존재이거나 일이 잘못될지도 모른다는 끔찍한 불안감을 느낀다. 악마가 움직이면 엄청난 걱정과 우려가 따라온다. 스스로가 너무 약하고 미덥지 않게 느껴져서 행동을 멈추거나 다른 사람들과의 관계에서 미적거린다. 한마디로 자기 보호 욕구가 지극히 약한 상태에서 행동하게 된다.

살다 보면 그 누구도 이 악마와의 싸움을 피할 수 없다. 끔찍한 걱정 때문에 사업을 시작하지 않는 사람도, 중간에 그만둬서 목표를 향한 진정한 추진력을 얻지 못하는 사람도 악마와의 싸움에서 졌다. 팀원들을 멍청이나 경쟁자로 보는 이기적인 사업가도 악마의 유혹에 넘어갔다.

우리가 더 큰 야망을 세울 때마다 내면의 악마는 우리의 자신감을 갈기갈기 찢고 안에서 우리를 갉아먹어 용기를 빼앗고 두려움만 남긴다. 그렇다면 이 저항이라는 악마는 어디에서 왔고 어떻게 힘을 얻었을까? 그것은 세상의 폭군들이 우리에게 심은 공포의 씨앗에서 자라난다. 우리에게 믿음이 아니라 의심을 선호하도록 가르친 경계가 심한 사람들, 행동이 아니라 미루기를 선호하도록 가르친 무관심한 추종자들, 진정성을 갖고 사람들에 먼저 다가가는 것이 아니라 인위적인 모습과 사회적 위축을 선택하도록 우리를 속인 잔인한 사람들. 결국 그들은 우리가 어렸을 때부터 우리의 마음 깊은 곳에 두려움의 씨앗을 뿌린 폭군들이다.

악마는 우리의 머릿속에 심어진 부정적인 생각을 먹고 자란다. 우리가 '나는 부족해. 내가 좋아하는 일이지만 그만두는 게 나을 것 같아. 무서우니까. 나는 다른 사람들의 신뢰와 존중을 받을 가치가 없어.'라고 생각할 때마다 악마의 힘은 커진다. 이런 생각을 하게 만든 것은 우리를 괴롭히는 나쁜 사람들일지라도 오늘날 우리가 마주한 내면의 고통은 우리 자신이 그 생각을 멈추지 못했기 때문에 생긴 것이다. 약하고 제대로 주의를 쏟지 않는 우리의 모습이 저항이라는 악마에게 힘을 부여했다.

의식이 커질수록 우리는 이 악마가 우리의 본성과 별개의 존재임을 감지할 수 있다. 갑자기 긴장과 스트레스가 커지는 것을 느낄 때 안에서 녀석이 꿈틀거리는 것이 느껴진다. 우리가 '잘 모르겠어!' '타이밍이 안 좋을지도 몰라!' '사람들은 나를 이해하지 못하고 내가 이기게 두지도 않을 거야!' 같은 두려움으로 가득한 생각을 할 때마다 악마는 강력하게 포효한다. 몸에서 느껴지는 이런 감정과 머릿속에서 들리는 이런 소리가 우리 자신이 아닌 내면의 악마의 목소리라는 사실을 알고 더 이상 먹이를 주지 말아야 한다.

내면의 악마가 아무리 으르렁거려도 우리는 그것을 성가시게 낑낑거리는 강아지라도 되는 듯 무시할 수 있다.

내면의 악마는 걱정이나 증오로 모습을 바꿀 수도 있지만 자신의 생각과 행동을 통제함으로써 진정시킬 수 있다. 연습을 통해 전체적인 지휘권을 손에 넣어 내면의 악마를 영원히 잠재울 수 있다. 성공하면 자신의 힘을 완전하게 사용할 수 있게 된다.

내면의 첫 번째 악마인 의심을
믿음으로 바꿔라

—

저항이라는 내면의 악마는 무시무시한 적이다. 이 머리 셋 달린 뱀의 특징에 대해 낱낱이 잘 알아야만 맞서 싸울 수 있다.

악마의 첫 번째 머리가 하얗고 징그러운 뱀장어를 닮았다고 상상해 보자. 안에서 불확실한 생각이 피어나 우유부단한 생각으로 이어질 때 우리는 악마의 첫 번째 머리를 감지할 수 있다. 그것은 마치 매일 불평과 불안함을 쏟아내는 오래된 친구의 목소리처럼 징징거리는 고음의 익숙한 소리를 낸다. 애처롭고 한심하게 보이지만 절대로 만만하게 보아서는 안 된다. 그것의 유일한 역할은 우리를 걱정에 사로잡히게 만들어 위험 감수나 새로운 도전을 막는 것뿐이다. 그러면 자기 존재가 위태로워지니까. 따라서 이 첫 번째 머리를 의심이라고 부르자.

의심은 우리가 새롭거나 더 나은 무언가를 위해 노력할

때 깨어난다. 우리의 야망이 비상하는 순간 의심은 자신의 존재가 위험에 처한다는 것을 깨닫는다. 앞으로 우리가 계속해서 자신 있게 목표를 달성하려고 한다면 의심은 결국 파괴될 테니까 말이다. 따라서 의심이 생존을 위해 할 수 있는 일은 계속 비관적인 목소리로 칭얼거리면서 우리가 힘을 얻지 못하게 하는 것이다. 잘 모르겠어. 잘 모르겠어. 잘 모르겠어…….

그 애잔한 목소리는 우리를 불안하게 한다. 의심의 끊임없는 걱정을 감당하지 못하고 머지않아 반복되는 부정적인 생각에 갇혀버린다. 지금 직장을 그만둬도 되는지 잘 모르겠어. 지금이 내가 좋아하는 일을 하기 위해 앞으로 나아갈 올바른 타이밍이 아닐지도 몰라. 그녀는 분명 내 데이트 신청을 거절할 거야. 내 열정을 따르거나 나만의 길을 가는 게 좋은 생각이 아닌 것 같아.

우리 삶에 의심이 퍼지기 시작하는 순간은 정확하게 예측 가능하다. 의심 섞인 생각이 말로 구체화되는 바로 그 순간이다. 우리가 '만약……'이라는 말을 붙여 부정적인 질문을 던지기 시작하는 순간이다.

만약…… 잘 안되면 어쩌지?

만약…… 내가 감당할 수 없으면 어떡하지?

만약…… 내가 부족한 사람이라면 어쩌지?

만약…… 그들이 날 좋아하지 않으면 어쩌지?

만약…… 실패하면 어쩌지?

만약…… 되돌릴 수 없는 상황이 생기면 어쩌지?

만약…… 그 사람들이 나를 이용하면 어쩌지?

이것은 우리가 최고의 자아 상태일 때가 아니라 마음에 의심이라는 독이 퍼졌을 때 떠오르는 질문이다. 의심스러운 질문을 허용하고 반복하면 자유롭고 만족스러운 삶을 살 수 없다.

자신의 길과 능력에 끊임없이 의문을 제기하면 진정한 진전은 있을 수 없다. 하지만 의심이 끼치는 가장 큰 피해는 단순히 어떤 일을 실패하게 만드는 것이 아니라, 우리가 어떤 사람이 되지 못하게 만든다는 것이다. 노력과 투쟁, 배움을 통해서만 성장이 이루어질 수 있는데 의심이 마음을 장악하면 그 어떤 것도 가능하지 않다. 그러면 어떻게 해야 할까? 어떻게 하면 의심을 물리칠 수 있을까?

위대한 현자들은 의심의 손아귀에서 벗어나는 방법은 오직 믿음을 통해서라고 했다. 믿음은 깊은 확신이다. 자신의 신념에 대한 전반적인 신뢰와 자신감이다.

깊은 확신은 선택에서 나온다. 우리는 무언가를 믿고 수많은 미지의 요소 속에서도 그 믿음을 굳건하게 지키기로 선택할 수 있다. 정신 바짝 차리고 슬픔이나 고통, 상실의 시간을 견디면 결국 그 또한 다 지나가고 다시 좋은 일들이 찾아올 것이라는 생각이 바로 믿음이다. 자신에게 성공할 수 있는 능력이 있다고 확신하는 것도 믿음이다.

하지만 믿음이 꼭 자신의 현재 기술이나 강점에 대한 과대평가일 필요는 없다. 세상에서 가장 강력한 믿음은 이렇게 말하는 겸허함이다. "나는 배우고 답을 찾을 수 있는 나의 능력을 믿는다. 충분한 집중력과 시간, 노력, 헌신을 쏟는다면 나는 꼭 해야 할 일을 배우고 꿈을 이루는 사람이 될 수 있다고 믿는다." 만약 이런 믿음을 가지고 계속 배우고 가능성을 발휘한다면 의심은 결국 소멸할 수밖에 없다.

오늘 밤 잠자리에 들기 전 고요한 시간에 일기장에 우리 자신과 이 세상을 믿어야 하는 이유를 적어보자. 과거에 할 수 있는지 몰랐던 일을 해냈던 경험은 무엇인가? 내일은 더 나은 사람이 될 수 있고 세상의 문이 활짝 열릴 것이라고 믿어야 할 이유는 무엇인가? 어려운 날이 계속되어도 자신과 꿈에 대한 믿음을 잃지 말아야 하는 이유는 무엇인가? 이 질문의 답을 적는다. 겉보기에 간단해 보이는 이 질문에 대해 꼭 적어야 한다. 믿음에 대해 글로 적으면 믿음이 더 강해지기 때문이다. 앞으로 의심이 머리를 쳐들 때마다 글로 적은 내용을 떠올린다. 자신의 믿음을 떠올린다. 불평불만으로 가득한 의심의 목소리를 우리에게 힘을 실어주는 긍정적인 목소리로 바꾸자. 마음을 제어하는 법을 터득한 사람들이 사용하는 방법이다. 살아가는 동안 계속 믿음을 선택하면 의심을 물리칠 수 있을 정도로 마음이 점점 강해진다. 믿음이라는 무기를 발사할 때마다 그 어떤 부정적인 생각이라도 다 뚫는 힘을 가진 막강한 무기를 연마하는 것과 같다.

시간이 지나면 우리는 그 무기를 단단하게 잡고 불안감이 느껴질 때나 언제든 필요할 때 휘두를 수 있다. 그러면 머지않아 믿음은 우리가 선호하는 무기가 되고 우리는 어둠에 맞서는 무적이 될 수 있다. 흔들리지 않고 평온함을 가진 빛의 전사가 된다. 자신이나 자신의 운명을 의심하지 않으며 하는 모든 일마다 행운과 풍요가 깃드는 사람이 된다. 우주가 헌신적인 마음을 가진 사람을 편애하고 모든 일은 마땅히 그래야 하는 방향으로 펼쳐지리라는 믿음 덕분에 가능한 일이다.

내면의 두 번째 악마인 미루기를
단호한 행동으로 바꿔라

마음속에서 믿음이 승리를 거두려면 여러 조건이 따라주어야 한다. 의심 때문에 피어난 부정적인 생각을 길들이지 않으면 더 큰 적이 깨어나기 때문이다. 내면의 악마는 무관심하고 체념한 생각으로 우리를 가득 채워 위대한 삶으로 나아가지 못하게 막는다. 이 악마의 두 번째 머리는 악마의 목적을 아주 잘 보여준다. 바로 미루기다.

미루기는 무시무시한 얼굴에 우리의 온몸을 흔들어 놓는

우레와 같은 목소리를 가진 적갈색의 뱀장어 같은 모습으로 상상할 수 있다. 형제인 의심이 걱정과 불평불만으로 불확실성을 키운다면 미루기는 진짜 공포를 일으킨다. 그것이 움직이면 마치 머리로 우리의 가슴을 들이받는 것처럼 느껴진다. 미루기는 우리를 때리고 고래고래 비명을 지른다. 온몸의 세포 구석구석으로 그 울림이 진동한다. 우레와 같은 목소리로 이렇게 소리친다. 잠깐! 멈춰! 하지 마! 다칠 거야! 넌 준비가 안 됐어! 의심의 말을 들어. 의심도 덩달아 소리친다. 길이 확실하지 않아! 더 이상 하지 마! 아무런 행동도 하지 마. 다칠 거라고! 슬프고 당황스럽고 무너질 거야! 그냥 가만히 앉아서 기다려! 그렇지 않으면 넌 끝장이야! 지금은 때가 아니야! 우리가 행동에 가까워질수록 미루기의 목소리는 점점 커진다.

미루기는 우리를 부추기거나 유혹하려고도 하지 않는다. 미루기는 독재자처럼 마음대로 조건을 내건다. 멈추지 않으면 다칠 거라고, 기다리지 않으면 망칠 거라고. 이렇게 끔찍한 선택권을 내놓기 때문에 우리의 마음은 좀처럼 반박하지 못한다. 상처받거나 거절당하거나 망할지도 모른다는 두려움이 가득한데 당연히 멈추지 않겠는가? 갑자기 앞으로 나아가는 것이 자살행위처럼 느껴져서 마음은 행동하지 않는 것을 정당화하기 위해 그럴듯한 주장을 만들기 시작한다. 부정적인 생각에 사로잡혀서 이렇게 말한다. "아직은 조건이 완벽하지 않아서 시작할 수 없어. 너무 서두르면 안 되잖아."

목표가 빠르게 진행되지 않는 이유는 미루기 때문이다. 만약 올바른 시간이 오기만을 기다리며 아무런 행동도 하지 않고 있다면 미루기 때문이다. 혼자 힘으로 일어서거나 관심 있는 사람에게 다가가거나 더 높은 자리로 올라가려고 하거나 새로운 프로젝트를 시작하거나 등 진정으로 원하는 것을 위해 싸우지 않는다면 미루기 때문이다. 미루기는 행동하는 사람을 무관심하고 하찮은 사람으로 바꿔놓는다. 누군가가 위대한 잠재력을 발휘하지 못하게 만드는 데 미루기처럼 효과적인 것은 없다.

목소리를 내야 할 때 내지 않고, 노력해야 할 때 노력하지 않고, 싸워야 할 때 싸우지 않고, 사랑해야 할 때 사랑하지 않고, 활기차게 살아야 할 때 활기차게 살지 않은 것은 모두 인간이 행동하지 않아서 생기는 불행이다. 우리가 아니라 미루기가 승리한 순간이다.

미루기는 의심보다 더 나쁘다고 할 수 있다. 의심보다 더 많은 꿈을 파괴했다. 의심이 깨어나 우리의 마음을 걱정으로 가득 채울 때도 최선을 다한다면 용감하고 신속하게 행동할 수 있다. 하지만 미루기가 마음을 장악해버리면 우리는 절대로 행동하지 않는다.

하지만 희망은 있다. 희망은 항상 있다. 의심에 해독제가 있는 것처럼 미루기에도 해독제가 있다. 미루기가 퍼뜨리는 두려움과 무관심, 게으름의 독은 단호한 행동으로 해독할 수 있다. 두려움 때문에 그냥 계속 가만히 기다리고 싶어도 먼저 나서서 행동해야 한다. 중요한 전화를 걸고 마음에 드는 사람에게 다가가 말을 걸고 새로운 수업에 등록하는 등 위험을 무릅써야 한다. 이런 행동들이 쌓여서 거대한 파도가 되어 미루기를 물리칠 수 있다. 단호한 행동은 우리를 미루기에서 해방해 준다.

운명은 행동하는 사람의 편이고 그들에게 성공을 보상으로 주고 영웅으로 인정받게 해준다.

만약 행동이 필요한 순간에 모두가 그냥 가만히 기다리는 쪽을 선택한다면 세상에는 영웅이 한 명도 없을 것이다. 위대함은 영웅이 두려움을 이겨내고 앞으로 나아가는 선택을 할 때 나온다. 올림픽 경기 도중에 넘어져도 일어나 따라잡는 선수, 세찬 물살이 무섭지만 물에 빠진 어린아이를 구하기 위해 뛰어드는 사람, 해고될 것을 알면서도 잘못된 문제에 대해 목소리를 내는 내부고발자. 영웅은 두려움 속에서도 중요한 일을 하기 위해 행동하는 사람이다. 겁쟁이는 더 고귀하고 용기 있게 행동하고 싶지만 두려움에 굴복해 행동하지 않는 사람이다.

인류의 희망은 두려움과 무관심을 뛰어넘는 행동에 달려 있다. 모든 조건이 완벽해질 때까지 기다리며 꿈을 미뤄야 하는 핑계를 그만두자. 지금은 자격이 없다는 이유로 행동하지 않는 습관도 집어치우자. 행동이 망설임을 이겨야 한다.
가장 미루고 있는 일과 가장 큰 두려움을 느끼는 일을 해야만 한다. 오늘 밤에 자기 전에 지금까지 미뤄왔던 것들의 목록을 작성해 보자. 아직 시작하지 못한 일은 무엇인가? 미루기 때문에 다음 행동을 하지 않은 때는 언제이고 그 지점에서 계속 이어가려면 이제부터 무엇을 해야 하는가? 이런 질문을 진지하게 던지면 우리는 더 강해진다. 위대한 삶으로 나아가기 위해 계획을 세우고 두려움을 이겨내고 행동으로 옮기면 우리는 전설이 된다.

내면의 세 번째 악마인 분열을
사랑으로 바꿔라

걱정과 미루기만으로도 고통스러운데 악마의 세 번째 머리는 우리가 혼자서 느껴야만 하는 고통을 선사한다. 이 독은 우리를 다른 사람들과 떼어놓고 우리의 피와 행동을 차갑게 만든다. 그것은 냉담함과 증오, 불관용으로 타인을 대하게 만든다. 이 악마는 그 형제들보다 훨씬 더 자신감 넘치고 사악하다. 분열을 눈이 없는 새까만 색깔의 뱀 머리라고 상상하자. 그것의 목표는 우리가 타인의 선함을 보지 못하게 함으로써 인간성을 파괴하는 것이다. 이 세 번째 머리의 이름은 분열이다.

분열은 우리의 심장을 공격한다. 사회가 병든 이유도 이 때문이다. 분열이 영향력을 드러내면 우리는 연약해지고 타인에 대한 사랑을 거부한다. 우리가 주변 사람들이 멍청하고 부족하고 믿을 가치도 없고 존경할 가치도 없다고 생각하는 이유도 다 녀석의 짓이다. 외로움과 단절감, 두려움, 타인에 대한 분노는 분열의 독이 우리의 정신과 인간성을 오염시킨 결과다.

분열은 타인에 대한 공감이나 연민을 알지 못한다. 우리가 타인의 가치와 권리를 물건 취급하거나 무시하거나 묵살하면서 서로의 인간성을 보지 않는 순간이야말로 분열이 승리하는 순간이다. 인류 역사상 가장 어두운 오점인 전쟁과 유린, 잔혹함도 분열의 가장 추악한 형태라고 할 수 있다.

일상생활에서 이 악마는 우리의 조바심과 경멸, 회피를 자극한다. 분열의 독에 중독되면 혼자 고상한 척 가식을 떨게 된다. 내가 다른 사람들보다 우월하므로 그들과 섞여서는 안 된다고 느낀다. 내가 형제자매들, 친구들, 동료들보다 더 특별한 존재라고. 자신보다 더 강하거나 약한 사람들을 비난과 트집 잡기, 비하, 분노로 대하게 된다.

우리가 타인을 재단하거나 타인을 사랑하는 것이 위험하다고 느끼거나 모두가 하나라는 마음을 느끼지 못할 때야말로 분열이라는 악마가 움직이는 순간이다. 훌륭한 딸의 결점만 보는 엄마, 모든 부하직원이 멍청하고 느려터졌다고 생각하는 조급한 상사, 스스로 남들과 다르거나 너무 이상하다고 생각해서 아예 사랑에 마음을 닫아버린 남자.

분열의 독에 중독되면 다른 사람들과의 보편적인 교감과 사랑을 가능하게 해주는 감정적·사회적·영적 지능이 타격을 입는다. 따라서 분열은 반사회적인 독이다.

이렇게 볼 때 분열은 관계를 파괴하고 온갖 사회적 병폐를 가져오고 타인에 대한 무관심과 냉담함을 일으키는 원인이다. 우리가 내면의 힘을 찾아 의심과 미루기를 없앤다고 해도 분열을 꿈쩍하지 않고 있다면 우리는 결국 실패할 운명일 수밖에 없다. 사회적 배려와 연결이 없으면 믿음과 행동이라는 해독제마저도 그 효과가 사라진다.

대단히 큰 성공을 거둔 자신감 넘치는 사람이 결혼과 우정에서는 실패해 후회와 외로움으로 가득할 수 있다. 그리고 어떤 여성은 같은 여성들로부터 동지애가 아닌 질투와 시기만 받을지도 모른다. 어려서부터 타인과 교감과 공감을 나누지 못한 아이는 마음의 문을 닫고 폭력적으로 변해서 나중에 범죄자가 될 것이다.

우리는 과연 어떻게 해야 할까?

우리 삶에는 인류의 가장 강력한 해독제이자 모든 악과 고통의 치료법이자 모든 회복의 속도를 높여주고 인류의 희망과 힘과 기쁨에 연료를 제공하는 신의 길이 필요하다. 그것은 바로 사랑이다.

사랑은 분열의 해독제다. 사랑에 담긴 따뜻한 의도는 우리의 온몸에 흘러 사람과 사람 사이의 틈을 채우고 비난과 분노, 증오의 흔적을 씻겨낸다. 사랑의 문을 열수록 더 큰 힘을 손에 쥐게 된다. 사랑의 문을 열면 악과 불협화음의 찌꺼기가 전부 씻겨나가고 분열이라는 이름의 내면 악마도 같이 휩쓸려 간다.

우리가 분열 때문에 피하거나 나쁘게 대한 사람들은 누구인가? 다르거나 가치가 없어 보이거나 사랑받지 못할지도 모른다는 두려움 때문에 자신의 어떤 부분을 숨겼는가?

우리는 이 질문에 대답할 수 있을 만큼 자각을 가져야 하고 해결책을 모색할 수 있을 정도로 성숙해야 한다. 다행히도 사랑은 우리의 본성이며, 만물을 창조하고 만물에 깃들어 있기에 우주에서 가장 풍부한 자원이다. 그저 다시 사랑을 우리 삶에 허락하고 다른 사람들에게 보내기만 하면 된다.

사랑은 우리 안에서도, 우리 밖에서도 산다. 사랑은 어디에나 있다. 신이 우주의 모든 곳에 엮어놓았기에 우리는 모든 것에서 사랑을 보고 감지할 수 있다. 이 사랑의 실 가닥을 따라가 보면 세상 모든 사람이 서로 연결된 하나의 존재임을 알게 된다. 모두가 같은 악마와 싸우고 자유를 위해 행진하고 결국은 사랑으로 돌아가는 여정에 놓인 순수한 존재이다.

사랑은 치유를 완성한다. 믿음과 행동이 아무리 충분해도 사랑이 없으면 힘도 없다. 믿음에 날 것 그대로의 신성한 힘을 부여하는 것도 사랑이고, 한 번도 해 본 적 없는 행동을 할 수 있도록 용기를 주는 것도 사랑이다. 우리 마음에서 있는 그대로의 사랑이 샘솟을 때 내면의 악마는 마지막 숨이 끊어진다.

사랑은 언제나 내면의 악마를 물리치는 최종적이고 가장 완전한 무기다.

내면의 악마를 물리치는 용기의 검

이제 우리는 머리 셋 달린 내면의 악마에 대해 잘 알게 되었다.

의심은 우리의 가치와 행동 방향에 의문을 던진다.

미루기는 나태함을 낳는다.

분열은 머리와 마음을 닫아버린다.

인간에게 고통을 주는 원인이 대부분 다 이 내면의 악마에게서 나온다. 결국 우리가 위대한 삶으로 나아가지 못하게 막는 것은 믿음과 행동, 인간성의 부재이다.

내면의 악마를 영원히 물리칠 수 있다는 것은 순진하기 짝이 없는 믿음이다. 인생에서 가장 중요한 순간들마다 우리가 그것을 물리친다고 해도 녀석은 기필코 다시 찾아올 것이다. 저항이라는 내면의 악마는 이 사회가 우리의 마음에 심는 해로운 잡초와도 같다. 그것은 빠른 속도로 자라고 절대로 완전히 제거되지 않는다. 우리가 살아가는 내내 기필코 다시 살아난다. 확실한 퇴치 방법은 끈질기게 계속 뿌리를 뽑는 것뿐이다. 이것은 매일 의지와 헌신을 다져야만 하는 일이다. 다행히 우리는 믿음, 행동, 그리고 사랑으로 이 악마를 물리칠 수 있다는 것을 안다.

우리는 내면의 악마에 구체적인 형체를 부여한 것처럼 그것을 무찌르는 무기에도 형체를 부여할 수 있다. 내면의 두려움을 물리치는 데 필요한 단 하나의 무기를 '용기의 검'이라고 하자. 이것은 이 놀라운 세 가지 요소로 만든 절대로 부러지지 않는 강철의 검이다. 믿음이 튼튼한 칼자루를 이루고 칼의 양날은 각각 파괴할 수 없는 행동과 사랑으로 이루어진다. 앞으로 내면의 악마가 우리를 막을 때마다 이 용기의 검을 떠올리고 그것을 휘둘러 적을 제압한다. 용기의 검을 휘두르는 순간이야말로 우리 인생에서 가장 중대한 순간이 될 것이다.

인류가 어둠과 무지에서 벗어날 수 있도록 길을 밝혀준 영웅과 지도자, 혁신가들을 비롯해 역사적으로 위대한 인물들은 모두 가장 중요한 순간에 내면의 갈등을 극복하기 위한 용기를 단련했다. 하지만 그들은 여러모로 평범한 우리와 다르지 않았다. 그들도 걱정이 많았다. 할 일을 미루었다. 다른 사람들의 의견을 무시하기도 했다. 하지만 그들이 세상을 앞으로 나아가게 하고 전설로 남아서 존경받을 수 있게 된 이유가 있다. 결국 그런 충동을 극복하고 자신과 타인의 더 나은 삶을 위해 성실하게, 적극적으로, 그리고 사랑을 담아 싸우는 순수한 의지 때문이다. 우리도 그들에게서 가르침을 얻어 자신을 단련해야 한다. 우리도 인류의 역사에 길이 남을 새로운 용기를 단련하자.

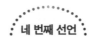

네 번째 선언

거침없이 전진하라

겁쟁이는 죽음에 앞서서 여러 차례 죽지만,
용기 있는 자는 한 번밖에 죽지 않는다.
— 윌리엄 셰익스피어, 〈줄리어스 시저〉

우리는 두려움을 이겨내고 내면의 악마를 물리치면서 전
진에 대한 자신의 사고방식을 낱낱이 되돌아볼 필요가 있다.
용기 있는 행동과 끊임없는 발전이 있는 삶을 살아야 한다.
대다수의 사람은 충분히 가능한 속도로 힘껏 전진하지 않고
있다. 자기 숙달을 위해 노력하지 않으므로 에너지를 올바른
곳으로 가져가지 못한다. 잘못된 생각과 약한 의지가 꿈을
향해 잠재력을 완전히 펼치지 못하게 가로막는다. 마치 치타
가 가진 능력을 완전히 써서 엄청난 속도로 질주하는 것이

아니라 평생 나태하게 느릿느릿 걷는 것과도 같다.

힘을 되찾으려면 지금 당장 사고방식을 바꿔야 한다. 내 자신의 현실을 직접 만들 수 있는 힘을 가졌다고 믿어야 한다. 나 자신의 잠재력이나 주변 상황을 포함해서 인생의 그 무엇도 절대로 고정되어 있지 않다는 사실을 이해해야 한다. 우리는 원하는 대로 현실을 만들 수 있다. 학습과 주도적인 행동을 통해 원하는 삶을 만들 수 있다. 타인의 허락이나 완벽한 타이밍을 기다려서는 안 된다. 용기를 갖고 자립적으로 지금 당장 앞으로 나아가야 한다. 우리는 투쟁을 성장과 혁신과 봉사를 위해 꼭 필요한 긍정적인 것으로 받아들여야 한다. 그리고 우리에게 필요한 모든 것이 지금 여기에 전부 다 있다는 사실을 알아야 한다. 자유롭고 충만한 삶으로 나아가는 위대한 여정을 시작하기 위해 필요한 것은 이미 우리 안에 다 있다. 우리가 원하는 풍요도 세상에 가득하다. 이러한 믿음을 가진다면 용기 없는 대다수가 꿈꾸지 못하는 수준의 동기부여와 행복에 도달할 수 있다.

하지만 우리가 그 반대를 믿도록 학습되었다는 것이 문

제다. 대담한 행동과 빠른 진전이 위험하거나 무모하다고 믿고 있다. 그러나 진보나 혁신, 의미 있는 기여를 위해서는 어느 정도의 광기와 무모함이 필요하다. 약간의 무모함 없이 가능했던 위대한 성취가 과연 있는가? 특별한 일이 일어나려면 무모함이 필요하다. 바다를 건너고 노예제도를 폐지하고 사람을 태운 로켓을 우주에 보내고 고층 건물을 짓고 인간의 유전자 지도를 만들고 사업을 시작하고 산업 전체에 혁신을 가져오는 일 모두가 그렇다. 한 번도 시도되지 않은 일에 도전하거나 인습을 벗어나거나 모든 조건과 준비가 완벽하게 갖춰지기 전에 무언가를 시작하는 것은 무모한 일이다. 하지만 대담한 사람들은 승리하려면 가장 먼저 시작해야 한다는 것을 알고 있다. 그들은 진정한 보상을 얻으려면 어느 정도의 위험은 오히려 꼭 필요하다는 사실을 깊이 이해한다. 미지의 영역으로 뛰어드는 것은 무모하지만 바로 거기에 보물이 있다.

안타깝게도 오늘날에는 성공에 대한 아무리 현명한 대화조차도 제한적인 조언으로 가득하다. 소위 '현실주의자들'과 업계 선두 주자들의 안전하고 '똑똑한' 목표를 세우라는 조언 때문에 변화와 위대함에 대한 거대한 야망을 잃은 사람들이 얼마나 많은가? 대개 똑똑한 목표는 결국 작은 목표일 뿐이다. 확실성과 안전성을 버리지 못해서 진정한 비전과 진보가 있는 미지의 영역으로 들어가지 못하는 작은 사람들이 세우는 터무니없이 작고 뻔히 예측 가능한 계획이다. 지금까지 그 어떤 위대한 혁신과 도약도 즉각 '달성' 가능하거나 '현실적'이고 뻔히 예측 가능한 길이나 아이디어에서 나오지 않았다. 그런 목표는 절대로 인간의 상상력을 자극하거나 의지를 불태울 수 없다.

우리는 마음도, 동기부여도, 용기도 자극하지 못하는 업무와 스프레드시트, 작업 계획이 넘쳐나는 문화 속에 살고 있다. 진정한 변화와 진정한 삶을 원한다면 절대로 사회의 보편적인 견해에서 나온 비전이나 소명 또는 변화를 따라가면 안 된다. 진정으로 자유로운 사람은 무언가에 얽매이지 않고 심지어 약간 두려움을 일으키기도 하는 목표 추구를 두려워하지 않는다. 그것은 우리가 최고의 자아가 되어야만 이룰 수 있는 목표다. 비록 중간에 휘청거리더라도 안전지대를 벗어나 진정으로 멋진 새로운 영역으로 들어갈 수 있다.

우리의 운명은 대담한 행동에 대한 마인드셋에 달려있다. 기꺼이 진실하고 용감하게 꿈을 추구하는 무모함을 선택할 때 우리의 힘도 커진다. 자신의 마음이 행동과 성장을 갈망한다면 불가능하다거나 신중하지 못하다는 세상의 말에는 신경 쓰지 말아야 한다. 위험을 감수할 가치가 있는지는 우리 스스로 판단해야 한다. 인생에서 진전이 정말로 무엇을 의미하는지 우리가 결정해야 한다. 분명 그것은 달팽이처럼 느릿느릿 앞으로 나아가는 것만을 의미하지는 않을 것이다. 우리는 무엇이 기다리고 있는지 알지 못한 채 여정의 첫걸음을 내디딘다. 만약 그것이 무모하고 미친 짓이라면 그냥 받아들이고 겁쟁이가 아니라는 사실을 축하하자. 그리고 선언하자. 거침없이 전진하라.

현실은 바꿀 수 있다

이 힘은 진정한 가속도를 위한 마인드셋을 기르는 것에서 시작된다. 그러한 마인드셋의 첫 번째 특징은 자신의 의지에 따라 현실을 바꿀 수 있다는 믿음이다. 이 믿음이 부족한 사람은 절대로 거침없이, 한결같이 전진할 수 없다.

자유롭고 용기 있는 사람들은 현재 상황을 회피하지 않는다. 자립적인 사람들에게 현실은 고정된 것이 아니라 항상 변하고 바꿀 수 있는 것이다. 그들은 자신의 존재도 원하는 대로 모양을 빚어 훨씬 더 좋게 만들 수 있다고 본다. 오늘의 무언가는 절대로 영원하지 않다. 새로운 아이디어와 새로운 세상이 기존의 것을 대신할 수 있다. 그래서 용감한 사람들은 오로지 자신과 사랑하는 사람들의 미래를 직접 구상하고 현실로 만들어 가는 일에만 헌신을 쏟는다.

위대한 사람들은 이렇게 말한다. "내 직접적인 행동으로 현실을 만들고 바꿀 수 있다. 그래서 나는 원하는 삶을 만들기 위해 끊임없이 행동할 것이다." 그들은 자신의 비전이 현실보다 강하고 꿈이 상황보다 더 큰 무게를 가진다고 믿는다. 충분한 땀과 노력과 헌신이 있으면 상황이 쉽게 변한다는 것을 알기 때문이다.

하지만 피해자들과 포기자들의 생각은 다르다. 그들은

현실이 타인에 의해 결정되는 고정불변의 것이라고 생각한다. 현실은 절대로 변하지 않는다고 말이다. 그들은 자신에게 이렇게 말한다. "내일은 오늘과 똑같고 어제와도 똑같을 운명이야. 내가 할 수 있는 일은 없어. 이것이 내 현실이야. 원래 그런 거고 앞으로도 항상 그럴 거야. 오늘 하루는 그저 헤쳐 나가야만 하는 또 하나의 고역일 뿐이야." 그들에게 중요한 것은 생존이지, 인생을 직접 만들어 나가는 것이 아니다.

아무것도 변하지 않는다는 믿음에 빠진 사람들은 행동하거나 전진할 이유가 없다. 그들은 위대한 비전도 없다. 비전을 그려봤자 의미가 없다고 생각한다. "내가 바꿀 수 있는 게 아무것도 없으니 그냥 닥치는 상황에 만족할 수밖에 없지." 이런 마음가짐을 가진 사람들은 성숙하는 과정에서 누구나 마주치는 커다란 안내 표지판을 놓쳤다. 그 표지판에는 이렇게 쓰여있다.

당신의 현실은 당신의 책임이다.
진정으로 원하는 것을 선택하고 현실로 만들어라.
명확한 기준이 없으면 변화도 없고 목표가 없으면 성장

도 없다.

현실을 바꿀 수 있다고 믿지 않는 가엾은 사람들은 별로 노력도 하지 않으므로 결국 약하거나 무책임하거나 전혀 인상적이지 못한 사람이 된다. 자연과 인류의 비상이 확실하게 증명하는 진실이 있다. 진정한 변화는 가능하고 불가피하며 개인의 삶과 인류를 좀 더 나은 쪽으로 바꾸어 우리를 구원해 준다는 것이다.

이 진실을 마음에 새기고 물어보자. "내 현실에서 마음에 드는 부분과 마음에 들지 않는 부분은 무엇인가? 직접 바꾸려고 나서지 않고 그저 나아지기만을 바라면서 지켜만 본 것은 무엇인가? 더 큰 열정을 가지고 적극적으로 참여하고 만족감을 느끼기 위해 내가 바꿔야 할 삶의 영역은 무엇인가?" 이 간단한 질문은 우리를 삶과 궁극적으로는, 내면의 힘과 연결해 줄 것이다.

행동은 궁극적인 평가 기준이다

꿈이라는 바다에 뛰어들기 전에 모든 정답을 다 알아야만 한다고 느끼는 사람들이 많다. 그들은 이렇게 묻는다. "바람의 방향이 어떻지? 물에 닿기까지 몇 초나 걸리지? 뛰어내리기 전에 숨을 몇 번이나 쉬어야 하지? 가장 정확한 입수 각도는? 나 말고 점프하는 사람이 또 있나? 지금까지 몇 명이나 점프했지? 해안에 닿으려면 얼마나 헤엄쳐야 하지?"

이것들은 꼭 생각해 봐야 할 매우 합리적인 질문인데도 어떤 답이 나오든 절대로 도약하지 않는 사람들이 대부분이다. 안전하다는 증거가 넘치고 이미 신나게 뛰어내려 해안까지 무사히 헤엄쳐 간 사람들이 많은데도 소심한 사람들은 어떻게든 뛰어내리면 절대로 안 되는 이유를 찾는다. 주변에서 꿈을 이룬 사람들을 아무리 많이 보아도 자신은 절대로 성공할 수 없을 거라고 믿는 이들이다.

한심한 대다수 사람은 정보 수집과 실행 사이의 선을 넘지 못한다. 그들은 한없이 생각만 하고 모든 정답이 나와 있는 완벽한 조건이 갖춰지기만을 기다린다. 물론 그런 일은 절대로 일어나지 않을 것이다. 결국 그들은 영원히 인생의 주인이 아닌 방관자가 될 운명이다.

행동과 시행착오가 없으면 진정한 앎과 진전, 고귀한 성취와 위대한 전설은 있을 수 없다.

전진하는 사람들은 행동 그 자체를 중요시하기 때문에 항상 앞으로 나아간다. 그들은 앞으로 나아가는 긍정적인 진전이 자신의 인격을 보여준다고 생각하고 행동 그 자체에 자부심과 만족감을 느낀다. 그들은 이렇게 생각한다. '나는 인생의 발전을 위해 중요한 행동을 취해야만 행복하거나 성공하거나 세상에 이바지하는 기분을 느낄 수 있다.' 진취성과 성장, 인생의 발전이 그들의 심리 상태에 큰 영향을 끼친다. 그들은 실패하거나 발전의 속도가 느려도 무너지지 않는다. 단지 그들은 계속 앞으로 나아가고 성장하는 것을 중요시할 뿐이다. 의도가 아니라 오직 행동만이 인간을 평가하는 잣대가 되어야 한다는 것을 기억하자.

의도는 우리의 인격이나 행복을 판단할 때 별로 중요하지 않다.

오직 행동만이 우리의 진정한 모습을 드러낸다.

오직 행동을 통해서만 자기 숙달에 이를 수 있다.

오직 행동만이 창조와 성장, 연결, 기여를 가능하게 한다. 최고의 자아가 되어 위대함의 영역으로 비상하게 해준다. 행동을 제외한 것은 단지 생각에 불과하며 의도와 진취성은 엄연히 다르다. 그 차이를 가장 극명하게 드러내 주는 것이 바로 사랑이다. 아무리 타인을 사랑하려는 의도가 있더라도 타인에 대한 존중과 관심, 애정을 직접적인 행동으로 옮기지 않으면 아무런 소용이 없다. 의도만으로는 쓸모없고 영혼도 없다. 생각은 사랑이 아니다. 직접 주는 행동이 사랑이다.

개인의 행동을 보지 않고는 그 사람이 누구인지 평가할 수 없다. 마찬가지로 행동을 보아야만 우리가 진정으로 무엇을 중요하게 여기는지 알 수 있다. 개인의 가치관은 단순히 생각이 아니라 움직이는 이상으로서 타인과의 상호작용을 통해 드러나기 때문이다.

우리가 인생에서 느끼고 싶은 모든 것, 즉 행복, 기쁨, 만족, 평화, 성공, 사랑은 행동이 있어야만 느낄 수 있다. 행복을 느끼게 해주는 일을 하지 않고 그저 생각만으로는 행복을 느낄 수 없다. 즐겁다고 느끼는 일을 할 때 즐거움이 느껴진다. 그리고 만족감을 느끼게 해주는 일을 해야만 만족감이 느껴진다. 성공을 가져다주는 일을 해야만 성공감을 느낀다. 또 우리는 자신과 타인을 대하는 방식에서 스스로 사랑받을 자격이 있다고 느낄 때만 자신을 사랑한다.

여기까지 읽고 앞으로 오직 행동만을 유일한 평가 기준으로 삼을 사람들도 있을 것이다. 하지만 앞으로도 아무것도 하지 않을 사람들이 더 많을 것이다. 당연한 말이지만 그게 바로 그들이 불행한 이유다. 그저 존재하는 것에만 집중할 수도 있다. 존재하는 것도 행동일 수 있다. 긴장을 푸는 것도 행동이고 명상도 행동이다. 꿈을 꾸는 것도 행동이다. 이런 것들은 우리가 원하는 감정을 가져다준다.

행동은 개인의 진정한 인격을 보여주는 믿을 수 있는 사회적 척도이기도 하다. 타인의 일관적인 행동 방식은 우리가 그들의 가치관과 목표, 신뢰성, 관심을 판단하는 데 필요한 데이터가 되어준다. 누군가의 인격을 행동이 아닌 다른 것으로 평가하는 것은 상대방의 마음 한가운데에 무엇이 자리하는지를 추측하는 것이나 다름없다. 정확한 판단은 불가능하고 단순히 추측으로만 이어질 뿐이다. 하지만 행동은 정확한 단서를 제공한다. 말로만 선의를 중요시하고 타인에게 선의를 보여주지 않는 사람은 믿을 수 없다. 입으로는 사랑한다고 말하면서 행동은 냉정한 사람도 믿을 수 없다. 행동이 필요한 순간에 행동하지 않는 사람은 기껏해야 게으름뱅이이고 최악은 겁쟁이일 뿐이다. 잔인하게 행동하면 잔인한 사람이고 바보같이 행동하면 바보 같은 사람이다. 마찬가지로 성장에 어떤 태도를 보이는지를 바탕으로 그 사람의 성격을 유추할 수 있다. 더 나은 삶을 위해 전진하지 않는 사람은 느리고 답답하고 게으른 패배자다. 타인을 판단하는 것 자체가 좋든 나쁘든, 옳든 그르든 상관없이 행동을 통한 진전은 우리가 타인을 판단하는 유일한 잣대가 되어야 한다.

문화의 진보는 의지가 강하고 행동 지향적인 사람들의 덕분이다. 우리가 누리는 자유는 개인을 초월해 세상에 이바지하고자 노력한 이전 세대들의 행동 덕분이다. 오늘날 진보가 사회와 국가의 건강을 측정하는 데 사용되기도 한다. 보건과 경제, 기술, 자유의 분야에서 진보하지 않은 국가는 시대에 뒤떨어진 후진국이라고 평가받는다. 구시대의 물결 속에서 표류하면서 죽어가다가 거대한 진보의 소용돌이를 만나 소멸할 것이다.

만약 긍정적인 행동이 우리의 삶과 세상을 측정하는 방법이라면 평소에도 그 점을 의식하고 하루의 목표에도 반영해야 할 것이다.

행동을 취할 때 보이지 않는 힘이 우리 주위에 모여
우리의 목적에 부합하는 기회를 끌어당기고
자유를 향한 움직임에 가속도를 더해준다.

자신을 마주할 용기를 가지고 이렇게 묻자. "나는 삶을 발전시키고 잠재력을 최대한 발휘하기 위해 대담하고 중요한 행동을 취하고 있는가? 아무런 두려움 없는 최고의 자아로 행동한다면 앞으로 나아가기 위해 무엇을 할 것인가? 나의 건강과 경력, 가족, 삶의 목적을 극적으로 발전시키기 위해 오늘, 이번 주에 할 수 있는 일은 무엇인가?"

허락은 필요하지 않다

—

.

더 나은 인생을 위해 노력하지 않는 사람들은 미숙한 경우가 많다. 자신의 행복과 성공을 타인에게 지나치게 의존한다. 무언가를 선택할 때 남의 도움을 받아야 하고 계획과 행동도 허락받아야 한다고 생각한다. 아직도 부모가 일일이 방향을 알려주기를 바라고 그쪽으로 소심한 발걸음을 내디딘다. 선생님에게 미소와 별 스티커를 받으려고 한다. 연인과 친구, 상사, 동료, 교회와 공동체에 행동을 허락받고 끊임없이 응원받기를 원한다. 그리고 긍정적인 지지를 받지 못하면 행동을 멈춘다. 진정한 자신이 되거나 꿈을 좇아도 된다고 허락받지 못하면 그들은 그 어떤 행동도 취하지 않는다. 비판받거나 버림당할지도 모른다는 두려움에 갇혀있다. 그들을 찬찬히 들여다보면 마치 외출 허락을 받는 10대 청소년처럼 항상 남들의 허락과 인정을 기다리면서 살아간다는 것을 알 수 있다. 그것이 그들의 영구적인 상태다. 남들의 허락을 기다리는 것.

위대한 사람들은 타인이 허락하든 말든 전혀 신경 쓰지 않는다.

위대한 사람들은 세상의 허락을 구하는 일이 거의 없다. 평범한 사람들은 조금이라도 관습에 어긋나거나 대담한 것은 절대로 찬성하지 않을 것이기 때문이다.

위대한 사람들은 사회가 혁신가에게 불신의 눈길을 보낸다는 것을 잘 알고 있다. 혁신가가 부와 권력, 명성을 쌓기 전까지는 말이다. 위대한 사람들은 자신이 원하는 것과 그 이유에 대해 분명하게 밝힌다. 다른 사람들이 자신의 아이디어를 비판하거나 판단하면 유용한 피드백은 받아들이고 나머지는 무시하고 가던 길을 계속 간다. 누군가 화를 내며 "네가 그렇게 잘났어?" 하고 따지면 그들은 미리 준비해 둔 힘차고 대담한 답을 내놓아 자신의 꿈을 지킨다. 얼마나 많은 사람들이 인정해 주는가에 비전을 제한하지 않는다. 남의 허락을 구할 필요가 없다는 강력한 믿음이 있다.

그들은 그 누구의 허락도 없이 작업과 프로젝트를 계속한다. 남들의 증명서나 허가장, 만족스러운 미소 따위는 필요하지 않다. 그들은 전진한다.

이 슬프지만 확실한 진리를 기억하자. 우리가 사회로부터 받아야 할 허락은 사회의 규범과 전통을 따라야 한다는 허락뿐이다. 진보를 위한 아이디어가 생겼을 때 우리가 할 수 있는 일은 사람들에게 분명하게 알려주는 것뿐이다. 성공을 도와줄 수 있는 사람들에게 조언을 얻을 수 있을 것이다. 마냥 남들의 허락을 기다리면 안 된다. 정보를 얻은 후에는 빠르게 앞으로 나아가라.

가장 일반적인 문제점은 우리가 믿고 사랑하는 사람들의 허락을 원한다는 것이다. 야망을 위해 새로운 도시로 이사 가고 싶지만 배우자가 반대한다면? 모든 관계가 그러하듯 쉬운 답은 없다. 한동안 타협을 하더라도 결국 어떻게든 꿈을 좇을 수 있게 되기를 바라는 수밖에. 이 사람은 사랑과 성장이라는 두 가지 욕구를 모두 충족시킬 방법을 찾아야 한다.

다른 사람들이 찬성하지 않는 행동이 불화를 가져올 수

있다는 것도 예상해야 한다. 사람들은 우리의 대담함을 마음에 들어 하지 않을 것이다. 우리의 투쟁을 미친 짓이라고 할 수도 있다. 이것은 꿈과 가능성을 좇는 사람들이 반드시 마주해야 하는 현실이다.

우리가 진정으로 원하는 성장과 욕구보다 다른 사람들의 의견과 선호, 허락을 중요시할 것인가?

마음이 원하는 것을 따르는 데 필요한 허락은 이미 받았다는 사실을 기억해야 한다. 우주와 자연과 신이 우리에게 힘을 주었다. 남의 선택에 따르는 것은 그 힘을 포기하는 것이다.

모든 것은 이미 우리 안에 있다

시간이 부족하다. 자원도 부족하다. 경제도 불황이다. 생산이 활발하지 않고 시장도 침체되었다. 이것은 우주의 풍요로움을 알아차리지 못하는 사람들의 외침이다. 인생에서 커다란 승리를 거둔 사람들은 승리에 필요한 모든 자원이 우리 안에 있다는 사실을 발견했다. 그리고 성공하기 위해 필요한 지식은 대부분 행동 후에 얻을 수 있다는 것을 알고 있다.

그 대열에 합류하고 싶다면 이 진리를 기억하자. 더 많은 시간은 필요하지 않다. 시간을 더 효과적으로 쓸 수 있도록 행동의 더 강력한 이유가 필요할 뿐이다. 더 많은 자원이 생기기를 기다릴 필요도 없다. 행동하면 더 풍부한 자원이 우리에게 올 것이다. 완벽한 조건이 갖춰질 때까지 기다릴 필요가 없다. 진행하는 과정에서 완벽함을 발견할 것이다. 무언가를 받으려고 부탁할 필요도 없다. 나누면 자연스럽게 받게 될 것이다. 모든 것이 우리 품으로 떨어지기를 가만히 기다리면 안 된다. 일어나서 행군해야만 받을 것이다. 운명은 두려움 없는 사람의 편이기 때문이다. 이 진리는 더 나은 삶으로 전진하는 데 필요한 준비와 풍요의 마인드셋을 만든다.

대개 성공한 사람들은 처음부터 시작했다. 비록 처음에

는 한정된 자원뿐이지만 그래도 시작했고 결국 사업과 경력을 키우는 데 성공했다. 앞으로 나아가면 관심과 보상, 투자가 따라올 것이라고 믿었다. 그들은 풍요를 믿었다.

이 풍요의 마인드셋은 결핍의 마인드셋과 대조를 이룬다. 결핍의 마인드셋을 가진 사람들은 언제나 모든 것이 충분하지 않다고 생각하기 때문에 절대로 행동하지 않는다. 부유해진 자신의 모습을 상상하지 못하는 기업가는 아이디어를 실행하지 않는다. 자신에게 떨어지는 이익이 너무 적다고 생각하는 임원은 부하직원의 멘토가 되어주지 않는다. 자신의 자리를 위협할까 봐 두려운 것이다. 다른 나라들에 손해를 볼까 봐 두려운 국가 지도자는 국경을 폐쇄하거나 무역 정책을 제한한다. 이렇게 결핍의 마인드셋을 가진 사람들은 행동을 미루고 제한하고 멈추는 선택을 내린다.

결핍의 마인드셋을 완전히 버려야 한다. 우리가 필요한 것은 우리 안에 이미 다 있으며 꿈을 위해 행동하는 동안 좋은 것들이 전부 우리에게 올 것이다. 시작을 위해 필요한 것은 우리의 비전과 의지, 지략, 통제력이다. 스스로 포기하지 않는 이상 이것들은 우리 안에서 풍부하게 공급된다.

성공은 긍정적이고 필수적이다

＊

더 나은 삶으로 나아가는 사람들은 진전과 그에 따른 모든 성공, 성취, 영향력, 힘을 긍정적이고 필수적인 것으로 바라본다.

인생의 사이드라인에 서서 불행한 결말을 맞이할 수밖에 없는 사람들은 진전의 결과물이 부정적일 것이라고 생각한다. 그들은 성취를 향한 모든 투쟁이 결국은 자신의 신념을 버리거나 타협할 수밖에 없는 지옥으로 이어진다고 믿는다. 그들은 성공과 힘이 사람을 타락시킨다고 믿는다. 성공을 추구하면 주변의 가족과 친구들에게 소홀해지고 돈이 사랑보다 더 중요해지고 성공은 이기심을 낳으며 절대로 만족을 느낄 수 없고 계속 더 많은 것을 원하게 되며 더 높은 곳으로 올라갈수록 외롭고 불행해진다고. 성공이 쓰라린 결과만 가져올 수밖에 없는 이유가 너무도 많다고 믿는다. 그런 생각은 어디에서 나올까?

이러한 가정은 결핍과 질투에 가려져 깨달음을 얻지 못한 마음에서 나온다. 안타깝지만 사실이다. 세상에는 누군가가 성공하려면 누군가는 반드시 실패해야 한다는 잘못된 생각으로 성공한 사람들을 미워하거나 불신하는 편협한 이들이 존재한다. 또한 누군가가 부와 영향력을 얻으면 자신은 뒤처지거나 잊힐까 봐 성공한 사람들에게 좋지 않은 마음을 품는 소인배들도 있다. 그들은 자신보다 성공한 사람들을 보면 몹시 불편하고 화가 난다. 자신을 보면서 남들보다 운이나 기회가 없거나 타고난 재능이 부족하다고 생각한다. 스스로 동기부여와 자기 규율, 지략이 부족하다는 결론을 내리고 죄책감을 느낄 수도 있다. 그러면 비난이 시작되고 핑계가 커지고 분노가 끓어올라서 결국 피해자 의식에 사로잡히고 행복하고 성공한 사람들에게 혐오감을 느끼게 된다.

이런 가정에 눈이 먼 사람들은 자신의 현실은 자신의 책임이고 기회는 누구에게나 주어진다는 사실을 깨닫지 못한다.

물론 세상에는 독재정치나 재정적 부패와 무책임한 권력 행사처럼 사람들을 억압하는 강력한 힘이 존재한다. 하지만 그렇게 극단적인 상황에서도 우리에게는 부당함에 반응하고 현실에서 벗어나 야망과 행동을 실행에 옮길 책임이 있다. 그 어떤 억압에서도 스스로 인생을 책임지고 열심히 노력하고 싸우고 개인적 자유를 추구해야 한다. 망망대해 같은 끝없는 장애물 앞에서 맨몸으로 위로 올라가 한계를 무너뜨리고 스스로 운명이라는 배를 이끄는 선장이 된 사람들의 이야기가 얼마나 많은가? 폭정과 악은 인생의 비전을 제한하는 변명거리가 되지 않는다.

하지만 조심할 필요가 있다. 힘과 성공을 손에 쥔 사람은 사악하고 믿을 수 없고 증오해야 할 존재이고 나 역시 그런 힘과 성공을 손에 넣으면 나쁜 사람이 될 것이라는 믿음은 절망적이고 무지하며 위험하다. 이 생각은 우리의 동기부여와 더 나은 삶을 파괴한다.

성공한 사람들을 싸잡아 싫어하는 사람들의 미움은 대의가 아니라 악의에서 나온다. 증오에는 이유가 없다. 대상이 누구든 이유가 있어서가 아니라 무지한 편견 때문에 미워하는 것이다. 흥미롭게도 성공한 사람들을 싫어하는 사람들은 주변에서 실제로 성공한 사람들을 그리 많이 보지 못했다.

성공과 부에 대한 믿음은 우리가 인생에서 무엇을 추구하는지를 결정하므로 반드시 자각해야 한다. 만약 성공과 권력이 부패했다고 생각한다면 우리의 마음은 그쪽으로 나아가려 하지 않을 것이고 결국 무관심으로 가득한 삶에 갇히게 된다. 성공을 싫어한다면 어떻게 성공할 수 있겠는가?

자신이 짓고 있는 집에 언젠가 악마가 들어올 것이라고 믿는 사람은 결국 도구를 치우고 집 짓는 것을 그만둘 것이다.

성공하면 나쁜 사람으로 변할 것으로 생각하거나 성공한 사람들을 싫어하는 것은 우리를 초라한 삶에 가두므로 끔찍한 형태의 자기 억제라고 할 수 있다. 하지만 우리의 발목을 잡는 진짜 폭군과 차별자, 우리가 앞으로 나아가려고 할 때 고통을 주는 사람들, 우리의 인종과 종교, 성별, 생활방식, 배경 때문에 편견을 보이는 사람들은 어떻게 해야 할까? 우리는 그런 나쁜 인간들에게 빚진 게 없다. 우리가 의지할 수 있는 것은 그들을 뚫고 개인적 자유로 나아가려는 거대한 행동뿐이다. 그들을 내버려 두거나 무시하거나 한발 앞서거나 그냥 잊어버려라. 어쨌든 절대로 멈추지는 마라. 결국 우리는 성공과 영향력을 선택한 것을 더 큰 의식과 나눔으로 축하하게 될 테니까.

그런 소수의 사람 때문에 눈이 멀면 안 된다. 실제로 성공한 사람들은 우리가 생각하는 것보다 훨씬 더 선하고 베풀

줄 안다. 인생에서 더 높이 올라갈수록 우리는 무언가를 이루기 위해서 얼마나 힘들게 애써야 하는지를 깨닫는다. 성공한 사람들의 대다수가 절망과 상처, 가난으로 고통받았다는 사실을 알면 도움이 될 것이다. 힘들게 노력하지 않고도 위로 올라간 사람은 소수이며 대부분의 영향력 있는 사람들은 자기 제어와 투쟁, 봉사로 그 자리에 오를 수 있었다. 그들은 결국 성공을 가로막는 방해물은 자기 자신이라는 사실을 깨닫고 타인에 대한 미움을 버리고 꿈을 위해 노력했다. 부가 부족한 것보다 지성과 도덕, 용기가 부족한 것이 훨씬 더 나쁘다는 사실을 알고 근면함과 숭고한 노력으로 인격과 마음을 단련했다.

위대한 사람들은 자유를 추구해서 얻은 힘과 커다란 성취로 무엇을 했는가? 나쁜 일보다 좋은 일을 훨씬 더 많이 했다. 그들은 대대로 가족들을 돌보았고 배와 학교를 만들었다. 도로와 철도를 깔았다. 사람들을 고용해 그들이 자녀를 먹이고 교육하고 주택 대출금을 갚을 수 있게 해주었다. 자신의 아이들을 키우고 공동체를 풍요롭게 했다. 그들은 다른 사람들에게 베풀었고 전 세계가 매일 혜택을 볼 수 있는 대의에 자금을 제공했다. 그들은 우리에게 믿고 노력해야 할 이유를 주고 본보기가 되어주었다. 어떤 사람들에게는 순전히 개인적인 욕망과 믿음이 성공해야 할 이유였고 또다른 사람들은 부를 이루기 위해 시작했다. 하지만 성공을 이룬 모두는 노동과 전진, 봉사, 자유의 가치를 포용했다.

이제 노력으로 성공을 얻고 세상을 이롭게 한 사람들에 대한 두려움을 버리고 그들의 인격과 용기에서 배움을 얻어야 한다. 전진하면 힘을 얻을 수 있고 삶을 즐기고 도움이 필요한 사람들을 도와줄 수 있다는 사실을 기억하자. 우리는 성공을 세상을 바꾸는 데 사용할 수 있다.

물론 힘을 얻을수록 더 많은 악행을 저지르려고 하는 악인들도 분명히 있다. 하지만 영향력이 커질수록 더 많은 선을 퍼뜨리는 미덕을 가진 사람들도 많다는 사실도 알아야 한다. 그러니 유감이나 편협한 마음은 버리고 열심히 노력해서 노력의 결실을 누리자. 올바르고 너그러운 쪽에 서서 우리의 부와 영향력을 위대한 삶과 위대한 공헌을 위해 노력하는 사람들과 나누자. 땀과 노력으로 얻은 힘에 대해 당당하지 못할 이유는 없다. 다만 성공이 가져다주는 성장과 관대함의 영광 속에서 그 힘을 도움이 필요한 사람들과 사악한 의도를 가진 사람들에게 각각 알맞게 사용하면 된다. 이런 마인드셋을 기른다면 인생의 풍요와 의미는 우리의 것이다.

투쟁이 우리를 위대함으로 이끈다

당연한 말이지만 위대한 삶으로 나아가기 위해서는 투쟁을 견뎌야 한다. 투쟁을 예상하고 불평해서는 안 된다. 시련을 헤쳐 나가는 노력이 미덕이었던 시절이 있었다. 투쟁은 더 높은 야망이 가져오는 값진 결과였다. 예전 사람들은 투쟁이 영웅주의와 문화적 진보를 위해 꼭 필요한 것이라고 배웠다. 투쟁은 능력을 증명하고 삶을 개선하고 자아를 실현한 증거로서 찬미 되었다. 투쟁 덕분에 삶이 바뀌고 꿈이 이루어지고 인류가 발전할 수 있었다. 위대한 삶을 위해 명예를 걸고 분투하는 사람들은 불쌍하게 여겨진 것이 아니라 존경받았고 시간을 초월해서까지 기억되었다.

우리의 운명을 이끄는 힘이 배움과 노력, 성장을 통해 기꺼이 투쟁하려는 마음가짐에서만 나올 수 있음을 기억하라.

대다수 사람은 전진에 필요한 투쟁을 싫어한다. 그들은 자립과 풍요로 가는 길이 너무 힘들고 너무 불편하고 너무 느리다고 불평하고 불안해한다. 성공으로 곧장 이어지는 빠른 길이 없으면 노력 자체를 시작하지 않는다. 너무 오래 걸린다는 이유로 다시 공부하는 것을 포기하고 결과가 너무 느리게 나타나서 운동을 하지 않는다. 아주 오랫동안 바쁘고 힘들게 보내야 하므로 꿈을 위해 싸우지 않는다. 자신의 한계를 마주하거나 새로운 것을 시도하거나 새로운 재능과 기술을 개발하는 것이 두렵다는 이유로 오늘날 모든 세대의 시야와 노력의 범위가 좁아지고 있다. 결과적으로 너무도 많은 사람이 과체중이고 정보와 기술이 부족하고 불행하다. 배움에는 오랜 시간이 걸리고 기나긴 밤은 좌절로 가득할 것이기에 마치 사회 전체가 진정한 노력을 피하게 된 듯하다. 이렇듯 불편함은 전진을 그만두는 좋은 핑계가 되었다. 무언가 가치 있는 것을 성취하는 데 필요한 인내와 끈기가 과거의 유물이 되어버린 것은 아닐까? 아니기를 바란다. 오직 거침없는 전진에 집중해야만 잠재력과 자유에 도달할 수 있기 때문이다.

그 누구도 내일 아침에 일어나 "나는 더 나은 삶을 원하지 않아."라고 말하지 않을 것이다. 오직 우리의 행동만이 우리가 누구이고 진정으로 무엇을 원하는지를 말해줄 수 있다. 그러니 내일 아침부터 거침없는 전진의 마인드셋으로 일어나자. 다시 한번 대담해지자. 걱정이 몰려온다면 앞으로 나아가기 위해 필요한 모든 것은 내 안에 있으며 행운은 용감한 자의 편이고 행동만이 다음 단계를 밝혀줄 수 있다는 사실을 기억하자. 우리가 선택한 인생의 의미를 위해 항상 노력하자. 순수하고 강력한 믿음으로 커다란 발걸음을 내디디면서 전진하자. 우리는 성장과 나눔을 위한 전진의 목표에 헌신해야 한다. 이제 더 이상 남들의 허락이나 완벽한 타이밍, 빠른 결과를 얻을 수 있는 쉬운 방법을 기다리고만 있지 말자. 지금 바로 출발하자. 열심히 일하고 영향력을 얻고 세상에 봉사하고 힘을 나누고 사랑하는 사람들을 위해 자유를 성취하자. 위대한 인생을 향해 전진하자. 지금 바로.

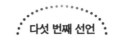

기쁨과 감사의 힘을 믿어라

감사는 숭배를 가져와 매일 깨달음을 접할 수 있게 해준다.
삶과 세상에 대한 경험을 바꾸는 초월적인 경외의 순간을.

— 사라 밴 브레스낙Sarah Ban Breathnach

인간은 신성한 생명력과 의지와 힘, 열정을 받았다. 하지만 그렇게 선택받고 유능한 존재인 우리는 과연 활력이 넘치고 감각이 고조되고 들뜬 기분을 느끼며 살아가고 있는가? 왜 좀 더 많이 웃고 생기가 넘치지 않을까? 완전히 몰입하는 인간의 뜨거운 열정은 어디에 있는가? 열정으로 진동하는 심장을 가진 빛나는 영혼은 어디에 있는가? 모든 것을 끌어당기는 힘과 불꽃은 어디에 있는가? 감사와 기쁨, 불꽃, 에너지는 어디에 있는가? 우리가 태어나면서부터 받은 기적적인 생명력은 어디로 갔을까?

　냉소와 비관의 거대한 파도가 밀려와 사람들의 꿈을 덮어버린 듯하다. 세상의 감정 에너지에는 활기가 하나도 없다. 너무나 많은 사람들의 멍한 눈과 얼굴, 행동과 대화에서 고갈된 에너지를 확인할 수 있다. 그들의 태도에는 활력도 자유도 긍정도 없다. 사람들의 얼굴에는 지친 기색이 가득하고 나이에 비해 너무 연약하기만 하다. 시야를 넓히고 자세히 살펴보면 우리 사회의 시끌벅적한 흥분과 열기는 오로지 부를 얻는 새로운 방법이나 유명 인사와 엘리트 집단의 삶과 관련된 집단 히스테리에서 비롯될 뿐이다. 자신의 인생 경험보다는 물질주의와 자아도취자들의 삶에 매료된 사람들이 비극적일 정도로 많아진 세상이 되었다.

　인간은 세상의 풍요 앞에서 그렇게 게으르고 피로에 찌들고 탐욕스럽고 지루하고 우스꽝스러운 모습을 가진 존재로 태어나지 않았다. 하지만 안타깝게도 오늘날 체념한 사람들이 너무 많은 듯하다. 놀라운 잠재력을 포기하고 비상이 아니라 현실 안주에 만족한다. 하찮은 목표로 느릿느릿 움직이고 남 탓만 하는 부정적인 사람들 틈에 섞여버린다.

우리는 변화를 추구해야 할 의무가 있다. 삶의 마법에 다시 불을 붙이는 것이 중요한 목표가 되어야 한다. 기쁨이 하나도 없고 의심으로 가득한 어둠 속에서 에너지를 빼앗는 뱀파이어들 틈에서 살아서는 안 된다. 인생은 살아야 하는 것임을 기억하라. 자유롭고 활기차게, 즐겁고 미친 듯이 열정적으로, 의식적이며 사랑스럽게 살아야 한다. 인간에게는 그런 삶의 에너지가 있다. 그 에너지를 발산할 때이다.

우리는 신의 사랑으로 가득한 빛나는 햇살을 받으며 축복 속에서 꿈을 향해 전진하는 밝고 활기찬 존재가 되어야 한다. 그런 삶을 즐기려는 의지만 있으면 된다. 삶에 대한 우리의 태도와 방향을 돌아보고 현재에 집중하는 긍정적인 태도를 길러야 한다. 이렇게 선언하라. 기쁨과 감사의 힘을 믿어라.

삶의 보석

인간의 가장 큰 자유는 언제든지 감정을 선택할 수 있는 자유다. 내가 무언가를 경험할 때 감정의 에너지를 활성화할 수 있는 사람은 오직 나뿐이다. 만약 인생에서 기쁨과 감사를 느끼고 싶다면 그 목적을 달성하기 위한 방향으로 자신의 믿음과 행동을 이끌면 된다. 끊임없이 해야 한다. 강렬함과 반복은 특정한 감정을 매일의 태도로 만들어 주기 때문이다. 물론 쉬운 일은 아니지만 중요한 임무라고 생각하자.

좋은 삶을 살기 위해 가장 필요한 것은 시련과 고통과 불의 속에서도 기쁨과 감사를 유지하는 마음의 일관성인지도 모른다.

이것이 자기 숙달과 행복의 필요조건이다. 따라서 지루함이나 우울함이 느껴질 때 알아차리고 자신을 밖으로 끌어내 세상과 연결하는 것이 우리의 임무다. 프로젝트가 실패하고 있어도 팀원들에게 감사를 표시하고 냉전 중에도 배우자에게 감사하는 마음을 잃지 않는 것은 전적으로 우리에게 달렸다.

우리가 매 순간에 느끼는 에너지를 긍정적인 참여와 깊은 감사로 바꾸지 못한다면 결코 삶에 숙달할 수 없다. 자칭

'현실주의자'들은 이것이 불가능한 일이라고 말할 것이다. 희망을 버린 그들은 세상에 스트레스와 잔혹함이 너무 많아서 유전과 환경이 우리의 삶과 감정을 지배할 수밖에 없다고 말할 것이다. 우리가 무엇을 하든지 무의식적인 마음과 본능적인 두려움과 이기심의 충동이 지배할 것이라고. 하지만 우리의 가능성이 무엇인지 결정하는 것은 바로 우리의 마음이다.

지루하고 지친 얼굴들 사이에서 완전히 다르고 밝은 얼굴을 보아야 한다. 개중에는 생기 넘치는 얼굴로 이 시대의 어둠 속에서도 기쁨과 카리스마와 희망이 여전히 존재한다는 사실을 너무도 분명하게 일깨워 주는 사람들이 있다. 그들은 에너지가 넘치는 유쾌한 사람들이다. 배경과 유전, 환경만 본다면 세상과 단절되어 무기력하게 살아갈 수도 있었지만 주변 사람들에게 영감을 주고 살아있음을 느끼게 해주는 이들이다. 그들은 가정불화나 가난에 시달렸을 수도 있다. 하지만 비통한 마음으로 살아가는 대신 비록 남보다 훨씬 적더라도 가진 것에 감사하면서 행복하게 살아가는 쪽을 선택했다. 활기가 넘치고 행복한 이 소수의 사람들은 '운이 좋은' 사람들도 아니고 우리가 부러워할 만한 배경을 가진 사람들도 아니다. 그들이 가진 보물은 우리도 가질 수 있다. 그들의 보물은 바로 자유의지로 선택한 태도이다.

물론 불안하고 혼란스럽고 화가 나 있는 세상에서 기쁨을 선택하기가 쉬운 것은 아니다. 부정적인 태도는 사회적으로 빠르게 전염된다. 그만큼 인간의 마음은 외부의 영향을 받기가 쉽다. 인간은 주변의 감정 에너지를 감지하고 모방한다. 주변에서 두려움으로 가득한 얼굴을 보면 우리의 마음에도 두려움이 솟아난다. 고대에 감정의 전염은 인간에게 매우 유리했다. 중대한 위험에 처했을 때 축복과도 같았다. 위협이 무엇인지 알기도 전에 친구들의 공포에 질린 얼굴만 보고 우리는 두려움을 느끼고 자동으로 그들과 함께 도망쳤다. 덕분에 주변을 배회하는 포식동물에 잡아먹히거나 사악한 의도를 가진 사람들에게 해를 당하지 않을 수 있었다.

하지만 이 원시적인 보호장치는 현대에는 치명적인 적이 되었다. 요즘 세상에는 우리를 잡아먹으려고 노리는 포식자가 없다. 그저 두려움만 있을 뿐 두려워할 대상 자체가 별로 없다. 그저 지루하고 부정적이고 두려움으로 가득한 사람들만 있을 뿐이다. 따라서 그런 사람들을 모방하는 충동이 우리의 삶을 망칠 수 있다. 대중의 에너지는 매우 약하다. 수면 부족과 심한 스트레스에 시달리고 현실에서 벗어나고픈 마음만 가득한 혼란스럽고 냉소적인 사람들이 만들어 낸 정서적으로 황량한 공간이다. 우리는 자신에게 물어야 한다. "나는 그들의 에너지에 순응해야 할까? 그들의 생각과 언어에도 순응해야 하는가?"

혼란에 빠진 진부한 냉소주의자들은 세상이 지옥을 향해 가고 있다고 말한다. 우리는 그 현실에 동의하도록 스스로의 마음을 내버려 두어야 할까? 우리도 주변을 둘러보고 불평할 만한 것을 찾아야 할까? 세상의 모든 부정적이고 절망적인 에너지가 스며들어 우리의 동기부여와 평온함을 망치게 두어야 할까?

적극적인 순응의 재앙에 빠져서는 안 된다. 우리의 의식을 이용해 모방 충동을 이겨내야 한다. 다른 사람들의 에너지를 자동으로 동기화할수록—그들의 감정 에너지가 기쁨, 사랑, 열정 등 우리가 원하는 에너지가 아닌 이상—우리 개인의 힘은 줄어든다. 무력하고 부정적인 대중의 언어와 태도에 전염될수록 우리는 피해자 의식에 빠진다. 세상에는 개인적 자유를 갈망하지만 두려움에서 나오는 행동을 선택하는 사람들이 너무도 많다. 조금이라도 경계를 늦추거나 의지를 다지지 않으면 자신도 모르게 그런 비극에 빠질 것이다. 마음의 에너지를 적극적인 참여와 감사로 향하게 하지 않으면 활기와 매력을 잃을 것이다. 우리가 가진 풍요로운 자원에 집중하자. 기쁨은 삶의 보석이고 감사는 황금이다.

기쁨의 대가

세상을 환하게 밝혀주는 기쁨으로 가득한 사람들의 비결은 무엇일까? 그들은 삶의 어디에서 그런 즐거움을 찾고 어떻게 그렇게 긍정적인 에너지를 발산할 수 있을까?

그들의 공식은 간단하다. 기쁨으로 가득한 사람들은 좀 더 의식적이고 일관적으로 기쁨과 감사를 감지하고 만든다. 그들은 기쁨이 실천이자 습관이 되도록, 자기 인격의 일관적인 조건이자 침울하고 지루한 시대의 지속적인 사회적 기술이 되도록 열심히 노력한다.

한마디로 그들은 기쁜 삶을 사는 것을 목표로 정했다. 그 것이 바로 비결이다.

절대로 마법 같은 것이 아니다. 동기부여를 지속하는 아주 단순한 힘이 움직이고 있을 뿐이다. 자신이 진정으로 원하는 것에 대한 끊임없는 관심과 노력 말이다.

물론 이 답을 선뜻 받아들이기란 어려울 것이다. 자신이 자주 또는 충분히 노력하지 않는다는 사실을 인정하기란 쉽지 않으니까. 하지만 삶에 기쁨이 부족하다면 평소 기쁨을 추구하려는 의지가 부족하다는 명백한 진실을 받아들여야 한다. 원한다면 기쁨이 가득한 사람들은 남들보다 편한 삶을 살아서 그렇다는 거짓말을 믿어도 된다. 하지만 나보다 재산과 건강이 부족해도 훨씬 더 행복한 사람들이 있다.

우리 주변에서 흔히 볼 수 있는 행복한 사람들을 떠올려보자. 아이들 말이다. 아이들은 자연스럽게 기쁨이 넘친다. 그들의 호기심과 기대의 부재, 작은 것에서 느끼는 즐거움,

현재에의 완전한 몰입 같은 것에서 기쁨의 씨앗이 빠르게 싹튼다. 아이들에게 배우자. 아이들의 자연스러운 기쁨 성향을 우리 삶으로 가져오면 어떻게 될까? 주변 환경에 대한 호기심이 커질까? 무조건 완벽하지 않으면 안 된다는 기대가 사라지면 새로운 기쁨이 찾아오지 않을까? 작은 일에도 기쁨을 느끼고 세상을 긍정적으로 바라보게 되지 않을까? 그렇다면 분명 우리의 삶은 바뀔 것이다.

행복한 아이들이 우리에게 주는 가르침을 다시 떠올려 보자. 호기심을 가져라. 기대를 버려라. 작은 것에도 즐거움을 느껴라. 긍정적으로 세상을 바라봐라. 매 순간 즐겁게 몰입하라. 이 모든 기술을 연습하고 숙달하라.

매일 기쁨을 느끼는 사람은 한 분야의 대가들과 크게 다르지 않다. 무언가를 아주 열심히 했기에 일이 아니라 놀이처럼 느껴지게 된 것이다. 위대한 예술가들과 운동선수들, 최고의 성과를 올리는 임원들과 기업가들, 행복한 노동자와 존경받는 리더들은 모두 엄청난 열정으로 일에 몰입한다. 그들에게 일은 게임과 같다. 마치 커다란 모래밭에서 자신의 강점을 발휘하며 노는 것처럼 유쾌하게 일하고 집중한다. 그들은 화가 나거나 당황하거나 좌절하거나 불안해 보이지 않으며 오히려 자연스럽고 편안해 보인다. 그들은 혼란 속에서도 기쁨과 열정으로 투쟁한다. 예상한 것처럼 도전을 기꺼이 받아들이고 존중한다. 삶과 경력을 쌓는 과정에서 복잡함이나 불편함이 점점 커질 때도 거의 평온할 정도로 조금도 당황하지 않는 모습을 보인다. 그들은 시련에 맞서는 동안에도 노래하고 당황하거나 힘들게 일할 때도 미소를 잃지 않는다. 한계를 넘어서까지 헌신하고 밝고 긍정적인 태도를 잃지 않는다. 언젠가 성실한 노력이 그들을 대가로 만들어 줄 것이기에, 언젠가 승리와 초월에 다다를 수 있을 것이기에. 이 사람들이 바로 기쁨의 대가다.

기쁨의 대가들은 투쟁이 고통스러울 필요는 없다는 것을 알고 있다. 우리는 그들에게 배워야 한다. 인생의 험난한 시련을 마주하고 안전지대를 벗어나 한계를 밀어붙이고 노력에 비해 성과가 보잘것없는 시간을 견디는 동안에도 얼마든지 기쁨과 활력을 느낄 수 있다. 기쁨의 대가들은 인생은 여정이고 목적지보다 과정에서 느끼는 열정과 자유가 더 중요하며, 힘들지만 흥미진진한 모험이라는 것을 안다. 걱정으로 가득한 불확실함 속에서도 순간을 음미하며 몰입할 수 있다는 사실을 우리도 기억하자.

기쁨의 대가들은 아무리 세상에 혼란과 갈등, 재촉과 사악함이 가득해도 아름답고 변치 않고 선한 무언가를 발견할 수 있다는 것을 안다. 엉망진창이 된 세상 속에서도 새롭고 순수하고 깨끗한 마음과 영혼을 지킬 수 있음을 우리도 기억하자.

기쁨의 대가들은 좋은 일은 결코 쉽게 일어나지 않지만 그 어떤 일이든지 평화롭게 맞이할 수 있다는 것을 안다. 크나큰 고통에 사로잡힌 순간에도 품격을 보이고 기나긴 시련 속에서도 평온과 위엄과 열정으로 새로운 하루를 준비해야 한다는 것을 우리도 기억하자.

기쁨의 대가들은 시간이 지나면 누구나 길을 찾으므로 인내와 사랑이야말로 궁극적인 미덕이라는 것을 안다. 우리도 주변 사람들에게 목표나 기쁨을 강요하거나 회유할 필요가 없음을 알아야 한다. 지금 아무리 의지와 방향이 없는 것처럼 보이는 사람이라도 언젠가는 자유로 가는 길을 찾을 것이다.

이런 가르침을 얻고 연습하고 대가가 될 수 있는 힘과 의지를 찾기를 기도하자.

감사의 길

―

구석의 그림자에만 집중하면 방에 불이 켜져 있어서 그림자가 존재한다는 사실을 놓치는 어리석음에 빠진다. 빛은 사방에 있다. 이 어두운 세상에는 감사해야 할 것들이 너무도 많다. 그림자에서 시선을 거두고 우리가 살아가는 축복받은 공간의 신성한 빛과 은혜의 바다를 내다보기만 하면 된다.

주변 세상에 주의를 기울이고 감사하는 마음을 가지는 사람들에게 우주의 축복은 행운과 경이로움의 웅장한 폭포처럼 느껴진다. 감사할 일을 찾기 위해 멀리 볼 필요가 없다. 스스로 모든 것을 창조하고 완벽하게 만들었다고 생각하는 에고와 페르소나를 내려놓고 우리에게 생명력을 주는 자연스럽고 형언하기 어려운 에너지와 마법의 세계를 받아들이기만 하면 된다.

활기차고 행복한 삶은 감사의 길에서 시작된다.

- 매일 하루 좀 더 감사한 마음을 가지자.

- 나를 둘러싼 모든 빛에 감사합니다.

- 나를 보살펴 주고 영감을 주는 사람들에게 감사합니다.

- 모든 결점에도 나를 사랑해 주는 연인에게 감사합니다.

- 목숨을 걸고 내 자유를 지켜주는 모든 사람에게 감사합니다.

- 파란 하늘과 자연의 아름다움에 감사합니다.

- 내 안에 생명의 진동이 울려 퍼지게 하는 심장에 감사합니다.

- 어젯밤에 휴식을 취할 수 있었던 것에 감사합니다.

- 자유의지와 인내심의 선물에 감사합니다.

- 멘토들은 물론 나에게 가르침을 준 배신자들에게도 감사합니다.

- 절망적이고 불결한 상태에서 살고 있지 않다는 것에 감사합니다.

- 내 집과 매일의 양식, 깨끗한 물에 감사합니다.

- 일하고 창조하고 돈을 벌 수 있는 기회에 감사합니다.

- 나를 앞으로 나아가게 해준 행운과 가르침을 준 시련과 고난에도 감사합니다.

- 매일 아침 빈 서판으로 시작할 수 있어서 감사합니다.

- 지금 깨끗한 공기를 들이마실 수 있어서 감사합니다.

• 나의 창조주에게 감사합니다.

감사해야 할 것이 많다는 사실을 알수록 감사한 마음도 커지고 활기가 넘친다. 우리는 기쁨과 마찬가지로 감사의 대가가 되어야 한다.

나는 축복받았다

어떻게 하면 삶에 기쁨과 감사가 넘치게 할 수 있을까?

알다시피 우리는 감정 상태를 선택할 수 있다. 그 순간에 가능한 다양한 반응과 느낌 중에서 선택할 수 있다. 발전소가 에너지가 없는 상태에서 에너지를 생성하는 것처럼 우리는 행복이 없는 상태에서 행복을 만들고 약한 에너지를 강한 에너지로 바꾼다. 마찬가지로 우리는 기쁨이나 감사가 없는 상태에서 우리의 의지로 그것을 만들고 경험한다.

우리는 기쁨과 감사를 일상적인 습관과 기준으로 만들 수 있다. 얼마나 자주 그런 감정을 느끼는지 측정하는 것만으로 가능하다. 매일 이 질문으로 몇 번씩 성공을 평가할 수 있다.

"이 순간 내가 가져오는 기쁨과 감사를 1에서 10까지의 척도로 측정한다면?"

이 문구에는 힘이 있다. 이 순간 얼마나 많은 기쁨과 감사를 느끼는지를 묻는 것이 아니다. 그렇게 물으면 마치 그런 감정을 마땅히 느껴야 하는 것처럼 보인다. 대신 이 질문은 개인적인 책임을 요구한다. 지금 나는 얼마나 큰 기쁨과 감사를 가져오고 있는가?

이렇게 자신의 감정적 현실을 평가할 때는 의식이 더 커진다. 그래서 자신이 원하는 삶의 질을 바탕으로 현재의 답이 과연 괜찮은가를 알 수 있다.

만약 기쁨과 감사가 약한 상태라면 우리의 직관은 그 감정에 좀 더 집중해서 강도를 높이라고 요구할 것이다. 어쩌면 더 큰 행복과 감사가 필요하다고 스스로 자신을 꾸짖고 마음과 영혼을 자극한다는 사실에 감사함이 들 수도 있다. 그 점은 물론이고 우리에게 주어진 모든 것에 감사해야 한다.

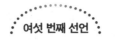

여섯 번째 선언

진실성을 지켜라

우선 무엇이 되고자 하는가를 자신에게 말하라.
그리고 해야 할 일을 하라.

— 에픽테토스

우리는 가장 어두운 시간에 진실성을 깨뜨리고 싶은 유혹에 빠진다. 내가 누구이고 무엇을 믿는지, 무엇이 옳고 진실하고 선하다고 생각하는지를 타협하는 것이다. 요즘 세상은 약하고 비정한 인간이 될 수 있는 기회가 널려있고 사람들은 그 기회를 마다하지 않는다. 잔인해지거나 속임수를 쓰거나 꿈에서 도망치고 싶은 충동이 자주 일어나고 안타깝게도 우리는 그 충동을 따른다. 가장 중요한 순간에 가장 중요한 것을 잊어버리고 고귀한 도덕적 신념을 버린다.

아이들이나 팀원들에게 중요한 약속을 하고 지키지 못한다. 사랑하는 사람들이 가장 연약한 순간에 마구 분노를 표출한다. 사랑하는 사람이 필사적으로 진실을 듣고 싶어 한다는 것을 알면서도 거짓말을 한다. 비틀거리고 실수해서 실망감을 느끼는 순간 서둘러 꿈을 포기해 버린다. 빛날 기회가 있을 때 목소리를 내지 않는다. 자신을 숨기고 진정성과 성장을 포기한다. 세상이 우리의 존재와 힘을 필요로 할 때 무관심하거나 비겁하게 행동한다. 이런 순간에 우리는 마음과 정신에 금이 가고 진실성이 사라지고 이기심과 무책임의 어두운 구덩이로 추락한다.

우리가 자신의 진정성을 타협하는 일이 꼭 영화에서처럼 엄청나게 거대하고 성가신 결정과 관련 있지는 않다. 꼭 엄청난 존재론적 딜레마 앞에서 머리를 쥐어뜯으며 답을 찾으려는 상황이 아니다. 공공장소에서 한 치의 양보도 없이 팽팽하게 격렬한 논쟁을 벌이다가 한 명이 쓰러지는 것도 아니다. 대개 우리가 진실성을 타협하는 일은 아주 규모가 작아서 눈에 띄지 않는다. 그런 일은 대개 우리가 너무 바빠서 주의를 쏟지 못할 때 일어난다. 이를테면 자신도 모르게 무례하게 행동한다. 평소의 자신답지 않게 행동하거나 사소한 거짓말을 하거나 쉽게 화를 내거나 자신의 생각을 입 밖으로 내지 않거나 자신에 대해 너무 많은 이야기를 하거나 누군가의 험담을 하거나 일을 지연시키거나 누군가를 조롱하거나 약속에 늦거나 사랑하거나 고맙다고 말하는 것을 잊어버린다. 내가 누구이고 어떤 사람으로 보이고 싶은지와 일치하지 않는 어떤 작은 행동이 자아의 일부분으로 굳혀져 버렸고 툭 튀어나온 것이다.

오늘의 생각과 행동이 우리의 유산이 된다는 사실을 알아야 한다. 이 사실을 잊어버리거나 행동은 중요하지 않다고 스스로에게 거짓말할 때 순간적으로 얼간이 같은 행동이 나올 수 있다. 이번 한 번만 자신의 가치관을 어긴다. 이번 한 번만 바람을 피운다. 이번 한 번만 거짓말을 한다. 이번 주만 운동을 빼먹는다. 딱 한 잔만 마신다. 하지만 머지않아 딱 한 번이었던 것이 두 번, 세 번이 되고 결국은 삶 전체가 타협과 후회로 가득해진다. 따라서 인간의 영혼이 조금씩 금이 가다가 완전히 무너질 수 있다는 사실을 기억하고 매 순간 무엇이 옳은지 경계를 늦추지 말아야 한다.

우리의 행동 하나하나가 쌓여서 똑바르거나 삐뚤어진 구조물을 만든다는 사실을 기억하라. 그러니 최고의 자아가 되고 인격과 가치관을 지키고 어떤 상황이든 흔들림 없는 진실성과 너그러운 인간성을 잊지 않는 것을 목표로 해야 한다. 약하거나 비정하게 행동하고 싶은 유혹의 순간은 앞으로도 반드시 찾아올 것이다. 절대로 유혹에 넘어가지 말자. 자신을 타협하거나 낮춰서 진정성을 깨뜨리는 것을 단호하게 거부한다. 매 순간의 올바른 선택은 우리를 비상하게 해줄 것이다.

우리가 진정한 자신의 모습으로 꿈, 약속, 선함, 애정에 충실할 때 개인적 자유와 인류의 희망을 얻을 수 있다. 가치를 고수함으로써 우리는 용맹함과 인성을 갖춘 견고하고 흔들림 없는 인간이 된다. 자랑스러워할 수 있는 삶을 만들어 가자. 선언하라. 진정성을 지켜라.

진실한 삶을 위한 세 가지 기준

믿음과 행동이 일치하지 않으면 무언가 '잘못된' 기분이 든다. 후회와 좌절감을 느끼고 시간이 지날수록 불행해진다. 하지만 생각과 행동이 삶의 가치관과 우선순위와 일치하면 스스로 선택한 만족스러운 삶을 누릴 수 있다. 그래서 우리는 두 가지 질문을 던져야만 한다. 나는 누구인가? 나에게 중요한 것은 무엇인가? 아마도 이것은 우리 인생에서 가장 중요한 두 가지일 것이다. 이 답을 모르는 사람은 결코 심오한 힘이나 완전한 자유를 얻을 수 없다. 이 어려운 질문의 답을 찾을 때 우리가 원하는 자질을 삶의 세 가지 영역으로 나누어 생각해 보면 도움이 된다. 바로 인격, 관계, 기여다.

인격에 대하여

자신의 인격에 대해 깊이 고찰해 보는 사람은 그리 많지 않다. 인격이란 우리가 갖고자 하는 구체적인 정체성이다. 대개 우리는 어떤 유형의 사람이 되고 싶은지에 진정한 관심을 쏟지 않고 그때그때 충동적으로 세상에 반응하면서 살아간다. 목표로 삼는 정체성이 없으면 충동과 모방의 노예가 되므로 우리의 정체성은 타인의 욕구와 상황, 소속된 문화가 두서없이 뒤섞인다.

날카로운 자기의식을 지닌 사람이라면 그렇지 않을 것이다. 친절한 사람이 되는 것에 대해 날카롭게 의식하고 헌신하는 사람이라면 무례하게 행동하는 경우가 거의 없다. 만약 그가 스스로를 공감 능력이 뛰어난 사람으로 정의한다면 그는 더 많이 듣고 더 많이 돕고 더 많이 사랑을 베풀기 위해 의식적으로 노력할 것이다. 모든 생각과 습관이 스스로 되고 싶은 이상적인 모습과 일치하도록 노력할 것이다. 결국 의식과 규율은 그에게 잠재력을 펼칠 수 있는 자유를 준다.

우리는 이런 수준의 자기 숙달에 도달했는가? 인격의 어떤 특징들이 나에게 일치감과 행복감을 주고 온전한 기분을 느끼게 하는지 알고 있는가? 만약 모른다면 이 질문을 해 보자. "만약 내가 내일 죽는다면 어떤 사람으로 기억되고 싶은가? 사람들이 나에 대해 정확히 어떤 말로 묘사하면 좋겠는가? 어떤 단어와 표현이 오늘 내가 좋은 사람이 되고 싶다고 생각하게 만들고 결정과 행동에도 영향을 주는가?"
이 질문의 답은 어디에 초점이 향해야 하는지 알려준다. 만약 활기차고 친절하고 지적이고 사랑이 많고 용감한 사람으로 기억되고 싶다면 그것과 일치하는 삶을 선택할 수 있을 것이다.

어떤 사람들에게는 너무 기본적인 전제로 보일 수도 있다. 하지만 대다수가 상식을 따르는 것은 아니다.

우리는 잠시 멈춰서 '최고의 자아라면 이 상황을 어떻게 바라보고 어떻게 반응할 것인가?'를 생각하지 않았기 때문에 얼마나 많은 고통을 느껴야 했는가?

내 최고의 자아는 어떤 모습이고 어떤 믿음을 가졌는지 생각해 봐야 한다. 오늘 밤에 자유의지에 감사하는 마음으로 나의 이상적인 정체성을 설명하는 글을 작성한다. 예쁜 노트에 펜으로 직접 써서 항상 가지고 다닌다. 시간 날 때마다 읽고 마음속에 새기고 실천하라. 행동이 그 정체성과 일치할수록 우리는 더 자유롭고 완전한 사람이 될 것이다. 삶이 더 밝고 진실하고 깊고 만족스러워질 것이다. 운명은 우리에게 미소 지을 것이고 우리는 목적과 진실성을 가진 사람으로 천국에서 환영받을 것이다.

관계에 대하여

또한 우리가 세상과 어떻게 상호작용할 것인가를 정의해야 한다. 삶에서 중요한 사람들과 어떤 경험을 하고 싶은가?

이 부분을 고려하지 않는 사람들은 항상 관계에서 실패한다. 아내와의 관계에서 소통의 질을 높여야 할 필요성을 인지하지 못하거나 책임감을 느끼지 못하는 남편을 상상해 보자. 그는 아내가 화났을 때 그저 아내의 감정과 좌절감을 모방할 뿐이다. 그는 자신에게 이렇게 말해야 한다. "나는 아내에게 배려심 많고 흔들림 없이 견고한 남편이 되어줄 것이다. 그러려면 아내의 감정에 주의를 기울여야 한다. 아내의 말에 귀를 기울이고 위기와 갈등 상황에서도 공감하고 지지하는 모습을 보여줄 것이다." 나아가 그는 아내와의 소통에 도움 되는 좀 더 구체적인 방법에 대해 생각해 볼 수도 있다. 밖에서 저녁을 먹을 때나 출근길이나 여행지에서, 경제 문제나 자녀 문제 때문에 갈등을 겪는 상황을 이용해 아내와의 유대감을 높이는 방법을 고려하는 것이다. 그가 이런 상황에 대해 미리 생각할수록 실제로 그 상황이 되었을 때 더 일관적으로 반응할 수 있다. 그의 진실성이 분명하게 드러나고 그는 자신의 행동을 자랑스러워하게 될 것이다. 아내의 사랑 역시 따라온다.

자리에 앉아 이 질문의 답을 써보자. 나에게 중요한 사람은 누구이고 그 이유는 무엇인가? 그들과의 상호작용에서 어떻게 하면 그들의 소중함을 느끼고 나의 가장 좋은 모습도 보여줄 수 있을까? 그 사람들을 대할 때 어떤 모습을 보여주어야 내가 만족감을 느낄 수 있을까? 그리고 내일부터 그 사람들과의 관계에서 내가 원하는 바로 그 모습을 보여주기 위해 최선을 다한다. 만약 매일 그렇게 한다면 삶의 마지막 순간에 사랑하는 사람들에게 둘러싸여 그들이 나를 사랑한 이유에 대해 말해줄 때 우리의 얼굴에 미소가 퍼질 것이다. 진실성과 인간성과 일치하는 방식으로 살고 사랑했다는 중요한 사실을 깨달을 것이기 때문이다.

기여에 대하여

마지막으로, 우리가 하고자 하는 기여를 정의해야 한다.

나는 무엇을 만들고 나누고 싶은가? 사람들과의 상호작용 외에 그들에게 무엇을 주거나 남기고 싶은가? 내 삶과 창조성을 말해주는 어떤 유형의 증거를 세상에 남기고 싶은가?

너무 많은 사람이 이 질문을 떠올리지 않고 그저 하루하루 의미 없는 과제와 진실성을 맞바꾸며 살아간다. 그들은 진정한 기쁨과 성취감을 주는 의미 있는 일을 위해 노력하고 있지 않다. 다른 사람들을 만족시켜야 한다는 생각에 차마 거절하지 못하고 너무 많은 일을 떠안는다. 대신 그들의 영혼과 만족감은 등한시된다. 만약 자신에게 중요하고 의미 있는 것이 무엇인지 알려고 했다면 불만족감과 산만함을 피할 수 있었을 것이다. 그 운명은 얼마든지 피할 수 있다. 지금 자리에 앉아 다시 펜을 잡고 나에게 에너지와 열정과 의미를 주는 일과 목표를 적어본다. 비슷한 것을 이미 적어보았지만 다시 글로 적는 과정에서 자신의 힘과 동기부여와 다시 연결될 수 있다. 어떤 기여와 성취가 자부심을 느끼게 해줄까? 어떤 식으로 봉사하고 싶은가? 어떤 예술 작품을 만들고 세상에 남기고 싶은가? 어떤 변화를 만들고 싶은가? 이 질문을 통해 자신에게 중요한 삶에 대해 알 수 있다. 이 질문의 답을 모른다면 행동의 기준이 되어줄 만한 것이 없다. 자신에 대해 명확히 알지 못하면 진실성도 있을 수 없다.

어떤 사람이 되고 싶은지, 사람들과 어떤 식으로 관계를 맺고 싶은지, 세상에 무엇을 나누고 싶은지 분명하게 알면 의식적인 인간이 될 수 있다. 그리고 온전한 힘을 얻는다.

진실성을 위한 6가지 실천

지혜는 어떤 상황에서 어떤 사람이 될 것인지, 무엇을 해야 하는지를 아는 것이다. 미덕은 그 지혜를 실천하는 것이다.

누구나 사려 깊고 친절하고 사랑 많고 행복한 사람이 되어야 한다는 것을 알지만 모두가 행동으로 옮기지는 않는다. 우리는 앎과 행동 사이의 어두운 구덩이에서 길을 잃는다. 가치관과 미덕에 어긋나는 모든 행동은 우리의 진실성과 행복을 한 조각씩 빼앗아 간다. 반면 우리가 진실성을 표현하기 위해 단호하게 노력할 때마다 우리가 매일 쌓아 올리는 인격의 탑에 든든한 벽돌이 추가된다. 그러니 우리는 현명한 방법을 선택해서 실천해야 한다.

진실성의 첫 번째 실천은 행동하기 전에 생각하는 것이다. 중요한 행동이나 결정은 반드시 삶의 중요한 범주를 고려해서 이루어져야 한다. 그것은 바로 우리 개인의 안녕, 관계, 사회적 책임이다. 우리는 물어야 한다. "내가 지금 하려는 선택이 나의 행복과 정신 건강에 도움 될 뿐만 아니라 가족과 공동체의 건강과 안녕에도 유익한가? 만약 내 선택과 행동이 저녁 뉴스에서 방송된다면 과연 자랑스러워할 수 있는가?" 이 질문을 떠올리지 않아서 무고한 좋은 사람들이 나쁜 사람으로 전락했다.

진실성의 두 번째 실천은 열정을 느끼지 않는 일에 헌신하지 않는 것이다. 무조건 '예스'라고 하는 습관을 버려야 한다. 지금까지 우리의 실패는 대부분 진심 없는 열정으로 시작한 일이었기 때문이다. 우리가 좀 더 성숙한 어른이 되어갈수록 깨닫는 사실이 있다. 100퍼센트의 열정과 헌신을 쏟을 수 없는 일이라면 반드시 거절해야 한다는 것이다. 대개 진실성이 깨진다는 것은 사랑하지 않는 사람들과 사랑하지 않는 일을 반복적으로 하는 것을 뜻할 때가 많다. 인생은 일과 믿음, 우리가 진정으로 사랑하고 기꺼이 베풀고 싶은 사람들과의 열정 어린 로맨스가 되어야 한다. 그러려면 주어진 시간을 현명하게 사용함으로써 열정을 지켜야 한다.

진실성의 세 번째 실천은 약속을 지키는 것이다. 연인과 정오에 만나기로 했으면 그 전에 약속 장소에 도착해야 한다. 수요일까지 프로젝트를 끝내기로 약속했으면 수요일에 제출해야 한다. 비밀을 지키기로 약속했다면 절대 뒤에서 수군거리면 안 된다. 이 세 번째 실천은 가장 높은 수준에 속하는 삶의 기술이다. 진실하고 고귀하고 믿을 수 있는 사람이 되는 것. 생의 마지막 순간에 이렇게 말할 수 있어야 한다. "나는 사람들이 의지할 수 있는 사람이었다. 나는 하겠다고 한 것을 했고 주겠다고 한 것을 주었다. 나 자신의 진실성과 주변 사람들이 소중했기에 약속을 꼭 지켰다." 그런 삶을 살 수 있기를 기도하자. 그리고 그 기도에 반드시 행동이 뒤따르게 하자.

네 번째 실천은 항상 타인을 존중하는 것이다. 삶에 대해 반성할 때 다른 사람들을 나쁘게 대한 것을 후회하는 경우가 많다. 인간관계에서 거의 모든 고통은 존중을 주지 않거나 받지 못하는 데서 비롯된다. 하지만 타인을 존중한다는 것에 대해 명확한 정의를 내리는 사람은 거의 없다. 존중한다는 것은 해를 끼치지 않는다는 것을 의미한다. 타인의 자기표현 권리를 인정한다는 뜻이다. 타인의 생각과 감정, 행동이 중요하지 않거나 옳지 않다고 생각되어도 인정한다는 뜻이다. 존중이 꼭 동의를 뜻하는 것은 아니다. 타인의 발언권을 존중해도 그 내용에 찬성하지 않을 수도 있다. 존중은 다른 사람들의 행동이 썩 마음에 들지 않아도 그들 나름대로는 주어진 상황에서 최선을 다하는 것임을 아는 것이다. 타인에게서 신성함을 발견하고 절대로 그 누구에게도 무례하게 굴지 않음으로써 삶에 무례함 자체를 용납하지 않는 것이다.

다섯 번째 실천은 진실을 말하는 것이다. 거짓말 때문에 곤란에 처한 적이 얼마나 많은가? 작은 거짓말 때문에 누군가와 갈등을 겪거나 속상한 기분이 더 악화된 적이 얼마나 많은가? 거짓말을 많이 하면 여러 가면을 쓰고 여러 삶을 살 수밖에 없고 고유한 인격과 마음을 찾아볼 수 없게 된다. 오늘의 거짓말은 망령처럼 내일 우리를 쫓아온다. 결국 다른 사람들 앞에서 거짓말이 발각되고 망신과 비난을 당할 것이다. 안에서도 밖에서도 고통만 가득할 뿐이다. 자신에게나 타인에게 하는 거짓말은 결국 자신에게 상처를 준다. 잠깐의 편안함을 위해서 거짓말을 허용해서는 안 된다. 당혹감과 후회라는 장기적인 대가가 따를 뿐이다. 작은 거짓말은 조금씩 우리의 진실성을 갉아먹는다.

여섯 번째 실천은 항상 행동을 선호하는 것이다. 인생의 가장자리에서 의구심을 가득 안고 망설이며 서 있는 것은 그냥 강가에 서서 물에 빠진 아이를 보고만 있는 것이나 다름없다. 마음에 드는 여성에게 다가가 말을 걸고 싶지만 그렇게 하지 못한다면 계속 후회로 남을 것이다. 마찬가지로 새로운 커리어를 꿈꾸지만 행동으로 옮기지 않는다면 결국 후회할 것이다. 선하고 의미 있는 이유에서 무언가를 원하지만 실행하지 않으면 자아를 묵살하는 것과 똑같다. 행동하지 않을수록 우리 마음의 진실성은 약해진다. 또한 자신을 신뢰하지 않을수록, 잘 알지 못할수록, 사랑하지 않을수록 그러하다. 진실성은 우리의 고유한 욕구와 가치관을 지지하는 행동을 취하는 데서 나온다는 것을 기억하자.

이 여섯 가지는 모두가 자연적인 충동이고 특별한 무언가가 필요하지 않다. 괴로움은 대부분 이것들을 매일 실천하지 않는 데서 비롯된다. 이 여섯 가지를 매일 실천할 때 행복을 더 많이 경험할 수 있다.

우리가 간디, 만델라, 테레사 수녀, 링컨 같은 리더나 역사적인 위인들을 존경하는 이유는 무엇인가? 그들이 진실성을 실천하는 삶을 살았기 때문이다. 그들은 무언가를 옹호했다. 시련이 닥쳤다고 자신의 신념과 가치관을 어기지 않았다. 그들은 말과 행동의 진실성을 지킨 좋은 사람들이었다. 우리도 그들의 본보기를 따라야 한다. 우리도 강직하고 자랑스럽고 존경스러운 사람이 될 수 있다. 평생 진실성을 실천하면서 살아가면 된다.

7가지 유혹

우리가 진실성을 깨뜨릴 위험이 가장 큰 상황에 대해 생각해 보자. 자기 인식이 부족할 때 사람들은 어떤 상황에서 성숙하게 행동하지 못하고 깜짝 놀라게 된다. 마치 그동안 남들의 화난 모습에 한 번도 주의를 기울인 적이 없어서 화내지 않는 법을 배우지 못하기라도 한 것처럼 말이다. 우둔하게도 세상이 주는 교훈을 깨닫지 못했기에 계속 바보 같은 행동을 한다.

현자들의 지혜와 우리 자신의 경험에서 배운 것들을 다시 돌아볼 때이다. 지금쯤이면 우리가 조급함이나 실망, 절망, 공격성, 상처, 충성심, 힘에 반응하거나 이런 감정을 느낄 때 쉽게 진실성을 잃을 수 있다는 것을 알았을 것이다. 이것이 바로 7가지 유혹이다. 잘 알고 대비해야만 그런 상황이 닥쳐도 최고의 자아로 반응할 수 있다.

조급함의 유혹

첫 번째는 조급함의 유혹이다. 누구나 한 번쯤 인내심을 시험당하는 상황에서 무너진 경험이 있을 것이다. 스스로 다정하고 사랑 넘치는 부모라고 생각해도 아이가 조용히 하라는 말을 다섯 번째 무시한다면 화가 폭발하기 쉽다. 꿈에 부풀어 시작한 새로운 사업이 원하는 만큼 빨리 성공하지 않으면 쉽게 포기하려고 할 것이다.

인내심 부족은 좋은 사람을 나쁜 사람으로, 가능성을 실패로 만들고 좋은 아이디어가 실행 직전에 버려지게 만든다. 그뿐만 아니라 탐욕과 잘못된 경제적 선택과 관련된 거의 모든 문화적 병폐의 원인이다. 장기적인 성장보다는 단기적인 이익에 집중하게 만든다.

자유롭고 의식적인 사람들은 너무 서두르거나 조급하거나 초조할 때 알아차릴 수 있도록 정서지능을 발달시킨다. 연습과 훈련을 통해서 마음이 이렇게 조기 경보를 내리도록 준비시킨다. "나는 패닉 상태에 빠졌고 좋지 못한 선택을 할 가능성이 크다. 숨을 돌리고 속도를 줄여야겠다. 지금 진정하고 이 순간의 스트레스를 가라앉히고 장기적으로 올바른 선택을 내리는 것이 더 현명하고 책임감 있는 행동이다."

조급했던 순간에 대해 성찰하면 이 기술을 발전시킬 수 있다. "인내심을 가지고 상황을 넓게 바라보지 못하고 사랑하는 사람에게 화를 낸 게 언제였지? 그 상황에서 어떻게 하면 진정할 수 있었을까? 내가 계속 인내심을 잃고 조급하게 화를 폭발하게 되는 상황은 무엇인가? 앞으로는 그런 상황에 어떻게 반응할 것인가?" 인내심을 잃었던 상황에 대해 돌아볼수록 실패를 반복할 가능성이 줄어든다.

미래를 바라보면서 어떤 모습으로 기억되고 싶은지 생각해 보라. 부모는 훗날 자녀가 "우리 부모님은 인내심과 사랑으로 나를 대해주셨다."라고 말하기를 바랄 것이다. 사업가는 직원들이 "우리 설립자가 힘든 시기에도 포기하지 않고 회사의 비전을 지켜주어서 기쁘다."라고 말하기를 바랄 것이다.

여기에서 놀라운 것은 하나도 없다. 현자들은 언제나 "인내심은 미덕이다."라고 했으니까. 진실성을 지키려면 상식을 실천해야 한다.

실망의 유혹

많은 사람들이 실망 때문에 진실성에 어긋나는 행동을

한다. 일이 뜻대로 되지 않을 때 에고의 불꽃이 거세져서 자신과 타인에 대한 약속을 어기는 것이다. 새로운 체중 감량 프로그램을 시작했지만 기대만큼의 결과가 나오지 않자 결심을 깨뜨리고 다시 예전 습관으로 돌아가는 여성. 더 열심히 해서 탁월한 성과를 올리기로 다짐했지만 첫 성과가 인정받지 못하자 다시 평범함으로 돌아가는 직장인. 창업에 처음 도전했지만 도전이 실패로 끝나자 안정적이지만 전혀 기쁨을 느끼지 못하는 직업으로 돌아간 기업가.

대부분은 실망 자체가 문제가 아니라 우리가 실망감을 느낀 후에 하는 행동, 즉 포기가 문제다. 실망은 도전을 그만두고 진정한 성취를 위한 노력과 시행착오가 아니라 쉽고 편한 삶을 선택하려는 작은 사람들의 핑계일 뿐이다.

의식적인 사람들은 실망을 높은 목표와 기준에 따르는 일반적이고 무해한 현실로 바라본다. 가끔 실망하지 않는다면 새롭거나 대담하거나 중요한 시도를 하지 않는다는 뜻이다. 그러니 실망이 꼭 필요하고 우리에게 실질적인 영향력을 주지 못한다는 사실을 알아야 한다. 실제로 우리가 배움의 마인드셋을 선택하면 실망은 곧 사라진다. 실패의 순간 슬퍼하거나 좌절감에 빠지기보다는 호기심을 가지고 이렇게 묻자. "앞으로의 접근 방식을 바꾸는 데 도움이 될 만한 교훈은 무엇인가? 다음 도전에서 최고의 자아가 되고 세상에 더 큰 기여를 할 수 있으려면 무엇을 알아야 하는가?"

차이는 명백하다. 성공하지 못하는 사람들은 실망을 마주할 때 발걸음을 멈추고 헌신과 가치관, 꿈을 내려놓는다. 그러면 실망은 실패의 정체성이 되어버린다. 반면 성공하는 사람들은 실망이 찾아오면 거기에서 배움을 얻고 계속 앞으로 나아간다. 실망이 자아의 진실성을 해치거나 꿈을 죽이도록 내버려 두는 것이 아니라 실망을 이용해 자신의 역량을 키운다. 실망하고 실패하는 사람이 되겠는가, 배우고 성장하는 사람이 되겠는가?

절망의 유혹

우리가 진실성을 포기하는 가장 예측 가능한 순간은 파멸을 앞둔 절망적인 상황에 놓였을 때이다. 파산을 앞두고 정직하지 못한 행동으로 빠르게 더러운 자금을 마련하는 사업가. 사랑에 굶주려서 인정과 애정을 받기 위해 타협하는 사람. 타인의 기대에 부응하기 위해 시험 때마다 부정행위를 저지르는 학생. 배가 고파서 먹을 것을 훔치는 사람.

누구나 절박한 상황에서 나쁜 선택을 한 적이 있을 것이다. 따라서 그런 상황에 패턴이 있다는 것을 기억해야 한다. 어떤 절박한 상황이 나를 나쁜 행동으로 몰고 갔는가? 바람직하지 못하고 무책임한 순간에 다른 사람들과 세상, 자기 자신에 대해 어떻게 생각했는가? 진실성과 더 빠른 성장에 도움이 되는 행동은 무엇이었을까? 앞으로 비슷한 상황에서 무엇에 집중해야 할까?

꿈을 좇는 한 앞으로도 분명 절망은 우리를 찾아올 것이다. 다시는 절망감을 느낄 일이 없다고 생각한다면 바보다. 앞으로도 분명 우리는 쓰러지고 투쟁할 것이다. 돈이나 지위, 영향력을 잃을 가능성도 높다. 앞으로 계속 나아가기 위해 얼마 되지 않는 자원을 긁어모아야만 할 때도 있을 것이다. 그런 순간이 오면 어떻게 행동할지 지금 결정하자.

모든 위대한 이야기에는 주인공이 절망과 두려움에 빠지는 장면이 나오기 마련이다. 그 순간에 어떻게 행동하느냐가 그들이 겁쟁이인지, 악당인지, 세상을 구하고 밝은 지평선 너머로 자랑스럽게 달려가는 진실하고 용맹한 영웅인지를 보여준다. 갑자기 절망의 구덩이에 빠졌을 때 자신의 가장 고귀한 가치관에 따라 행동하라. 내가 어떤 사람인지 세상에 보여주어라.

공격성의 유혹

우리는 타인의 공격성에 반응할 때 최악의 모습을 보이기 쉽다. 괴롭힘을 당하면 폭력적으로 반응할 수 있다. 배우자가 마음에 들지 않는 생각을 강요하면 우리는 화가 폭발한다. 상사가 강압적으로 지시를 내리면 속마음은 그렇지 않더라도 겉으로는 약해져서 동의하는 모습을 보인다. 하지만 타인의 단호한 행동에 위축되어 화를 내거나 상처를 주는 행동으로 반응하면 안 된다. 원통함으로 가득하거나 폭력적인 행동은 우리에게 전혀 이로울 것이 없다.

타인이 공격적으로 행동할 때 자신의 반응을 날카롭게 인식하는 기회로 삼자. 상대가 너무 세게 밀어붙이면 그것이 단순히 에고나 무지에서 나오는 행동이라는 것을 이해하고 똑같은 수준으로 떨어지지 않도록 하자. 그때 스스로에게 이렇게 물어야 한다. "만약 이 상황에서 화나 상처를 전부 없애고 최고의 자아로서 행동한다면 나는 과연 어떻게 행동할 것인가?" 존경스럽게도 간디와 킹, 만델라 같은 사람들은 이 질문에 반응하는 것을 중요하게 여겼고 그 덕분에 진실성을 지킬 수 있었다.

세상은 계속 우리를 밀어붙여 힘을 잃고 순응하고 복종하게 만들려고 할 것이다. 어떤 사람들은 우리에게 무례하고 비열하고 생각 없이 굴 것이다. 우리는 좀 더 나은 길을 선택하자. 가치관을 잃지 말고 전쟁처럼 느껴지는 상황에서도 평화를 지키자. 시간이 지나면 인내가 항상 공격성을 이기고 사랑이 증오를 이긴다는 사실을 알게 될 것이다.

상처의 유혹

상처받거나 부정적인 감정을 경험할 때도 주의가 필요하다. 그렇지 않으면 억울함을 느끼고 자신도 모르는 사이에 악의를 품게 될 수 있다. 그뿐만 아니라 상대방의 언어적 공격에 모욕감을 느끼고 신체적인 공격을 가할 것이다. 리더가 당혹감을 느끼고 프로젝트를 아예 포기할 수도 있다.

이 영역은 한번 깊이 살펴볼 필요가 있다. 이런 질문을 해보자. "나는 보통 상처받을 때 어떻게 행동하는가? 부정적인 기분을 느낄 때 타인을 어떻게 바라보고 어떻게 반응하는가?

다음에 상처받았을 때도 진정한 내 모습을 잃지 않고 계속 더 나은 삶을 향해 나아가기 위해 기억해야 할 것은 무엇인가?"

성숙한 사람이라면 행복한 감정과 마찬가지로 상처받은 감정에도 의식적인 선택으로 반응해야 한다. 마음의 상처를 받았을 때 그 상처를 그대로 두는 것이 유용한지 살펴봐야 한다. 상처는 어떤 상황에 대한 우리의 내적인 표현이다. 우리가 어떤 의미를 부여한 것이다. 따라서 상처의 감정을 느끼더라도 곧바로 내려놓아 상대방을 겨냥하지 말아야 한다. 상처받았을 때 그 어둠의 감정을 자신이나 타인에게 쏟아내지 않는 법을 배우는 것이 진실성을 지키는 일이다.

충성심의 유혹

우리가 진실성을 깨뜨리는 이유가 무조건 자신을 지키기 위해서는 아니다. 종종 우리는 좋은 의도에서 스스로 올바르다고 생각하는 것을 어기곤 한다. 이상하지만 사랑하거나 존경하는 사람을 지키기 위해서 거짓말을 하는 선량하고 충성스러운 이들이 있다. 스스로 좋은 남편이라고 생각하고 아내에게 상처 주고 싶지 않아서 거짓말을 하는 남편. 우정을 위해서 친구의 불륜 사실을 모른 척 넘어가는 사람. 회사의 평판을 지키기 위해 어떤 정보를 감추는 리더.

그러나 진실보다 충성심을 선택하면 언제나 가까이에는 부패가 있다. 우리가 사랑하거나 아끼거나 함께 일하는 사람들을 지키기 위한 작은 거짓말이 더 큰 거짓말로 번질 수 있기 때문이다. 다른 사람을 위해 거짓말을 하면 '세상에 함께 맞선다'고 생각하는 심리가 생긴다. 마치 나와 상대방이 함께 세상에 맞서는 기분이 들어서 내 거짓말이 다른 사람에게 상처를 준다는 사실을 인식하지 못한다. 그것이 필연적으로 가져올 상처의 파급 효과를 알지 못하는 것처럼 거짓말을 정당화한다.

거짓말은 절대로 하면 안 될까? 다른 기준도 있을 수 있을까? 거짓말할 때는 자신의 가치가 훼손된다는 것을 기억해야 한다. 거짓말을 해야만 한다고 느껴지는 상황이라면 자신이나 타인의 안전이나 건강이 위협받지 않는지 주의를 기울여야 한다. 종종 우리는 진실을 말하면 오히려 해롭고 대참사가 벌어질 것이라고 생각하지만 사실이 아니다. 모든 성서에 진리가 우리를 자유롭게 할 것이라고 적혀 있는 이유가 있다. 진실을 말할 경우 자신이나 사랑하는 사람들이 난처해지고 정말로 해로운 결과가 발생할 것이라면 거짓말보다 침묵을 선택하는 것이 최선이다. 사랑하는 사람들의 무책임한 행동을 지켜주기 위해 거짓말을 할 필요는 없다. 타인이 저지른 잘못 때문에 굳이 우리의 진실성을 해치는 일을 할 필요가 없다는 뜻이다.

순수하고 깨끗한 정신을 원한다면 거짓말하는 습관이나 거짓말을 정당화하는 말을 조심해야 한다. 거짓말을 하지 않기란 쉽지 않지만 우리는 정직한 삶을 추구해야 한다. 초월로 가는 길을 환하게 비춰주는 것은 진실이다.

힘의 유혹

힘은 그 자체로는 나쁘지 않다. 힘을 얻거나 휘두르는 과정에서 누군가에게 해를 끼치면 그 힘은 나쁘다. 진실성과 미덕이 없는 사람들은 힘을 얻기 위해 거짓말을 하고 속임수를 쓰고 남의 것을 훔치고 남을 짓밟는다. 하지만 도덕적인 사람들은 좋은 생각을 발전시키거나 도움이 필요한 사람들을 돕는 데 힘을 사용한다.

진실성을 가지고 힘을 추구하는 비결은 마침내 힘을 얻는 순간 변할 것이라고 생각하지 않는 것이다. 사악한 사람은 더 사악해지고 친절한 사람은 더 친절해지고 사랑이 있는 사람은 사랑이 더 많아질 뿐이다. 당연히 원래 너그러운 사람은 힘을 얻으면 더 너그러워질 것이다. 돈이나 영향력을 좇는다면 지금의 내가 어떤 사람인지 확실히 해두어야 한다. 힘을 얻으면 지금의 모습이 몇 배로 강력해질 것이기 때문이다. 이 질문의 답을 적어보자. "나는 부나 지위, 행운을 통해 큰 영향력을 얻었을 때 진정한 내 모습을 지키고 자랑스러워할 수 있도록 그 힘으로 무엇을 할 것인가?"

힘과 풍요를 얻은 후에도 우리의 믿음과 최고의 자아는 매일 그대로여야 한다. 그것이 진정한 힘이다.

행동이 내가 된다

어떤 행동을 하느냐에 따라 당당한 사람이 되기도 하고,

후회하며 움츠러드는 사람이 되기도 한다. 특히 조급함, 실망, 절망, 공격성, 상처, 충성심, 힘이라는 7가지 유혹을 마주했을 때 현명하고 도덕적으로 행동해야 한다.

살다 보면 끊임없이 작고 심술궂은 사람이 되어버릴 수 있는 위기가 닥칠 것이다. 그럴 때는 진정한 자신과 꿈을 포기하기가 쉽다. 남을 나쁘게 대하기 쉽다. 하지만 그것은 우리의 길이 아니다. 자유와 승리는 유혹을 이겨내는 강하고 진실한 사람들의 것이다.

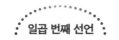
사랑을 포기하지 마라

언젠가 바람과 파도, 조수, 중력을 정복한 뒤 우리는 신을 위해
사랑의 에너지를 길들이고 인류 역사상 두 번째로 불을 발견하리라.

— 피에르 테야르 드 샤르댕Pierre Teilhard de Chardin

있는 그대로의 당당한 사랑보다 더 완벽하고 더 놀랍고 더 인간적이며 사람을 꼼짝 못 하게 하는 아름다움은 세상에 없다. 우리는 사랑을 주고 사랑 안에서 살 때 가장 행복하고, 사랑을 부정하거나 억압할 때 가장 불행하다. 사랑은 그 무엇과도 달라서 우리를 가장 높은 곳으로 날아오르게 할 수도 있고 가장 낮은 곳에서 고통스러워하게도 할 수도 있다. 사랑으로 정의되는 순간에 우리는 최고의 나를 만나고 신의 얼굴을 만진다. 세상 앞에서 감정의 문을 활짝 열고 상처와 집착, 짝사랑의 두려움 없이 마음을 주는 것은 인간의 가장 궁극적인 용기라고 할 수 있으며 이는 개인적 자유의 절대적인 경험이다.

사랑은 우리의 출발점이자 종착역이기도 하다. 우리 영혼은 더 높은 사랑의 에너지로 생기를 얻으며 우리가 마지막 숨을 내쉴 때 우리의 영혼도 사랑으로 다시 흡수될 것이다.

사랑의 초월적 힘은 우리를 다시 태어나게 하고 새로운 방향을 제시한다. 우리가 사랑에 자신을 열 때 삶은 더 새롭고 더 생기 넘치고 마법이 깃들고 의미를 얻는다. 우리가 유치하고 이기적인 욕심을 내려놓고 우리의 마음이 원하는 대로 할 때, 마침내 공감과 친절, 연민, 용서, 관대함, 용기의 장엄한 땅에 도달할 수 있다.

우리는 주고받을 사랑이 충분치 않다고 말하는 것을 그만두어야 한다. 그렇게 말하면 마치 사랑이 인간의 힘으로 줄어들거나 사라질 수 있기라도 한 것처럼 들린다. 그러나 사랑은 신성한 에너지이며 언제나 어디에나 존재하고 흐른다. 이 사실을 이해한다면 더 앞으로 나아갈 수 있다. 과거의 상처는 내려놓자. 과거의 상처 따위는 사랑의 현실과는 무관하기 때문이다.

안전하다고 느껴질 때만 세상을 향해 사랑을 찔끔찔끔 흘려보내는 쩨쩨한 게임은 그만두자. 두려움 때문에 사람들에게 사랑을 조금씩 주는 것은 겁쟁이의 행동이다. 그러니 이제 사랑을 지금까지와는 다른 신성한 관점에서 바라보자. 사랑의 풍요를 느끼고 우리 안에서 사랑이 힘차게 흐르게 하자. 그래야 우리가 상상을 초월하는 수준까지 날아올라 세상을 이롭게 할 수 있다. 선언하자. 사랑을 포기하지 마라.

사랑은 역동적인 에너지

사랑하고 사랑받고 싶은 욕구는 가장 생명력 넘치는 에너지 중 하나다. 우리의 모든 욕구와 모든 의미 있는 소망, 꿈은 사랑에 달려있으며 언제나 사랑으로 돌아온다. 사람은 마음을 열어 사랑을 하고 세상을 향해 기쁨 가득한 사랑의 불꽃을 발산하지 않고서는 절대로 탁월한 성장을 이룰 수 없다. 삶의 가장 위대한 성공은 사랑의 영역에서 이루어진다. 그런데도 우리는 이 신성한 에너지를 차단할 때가 많다. 사랑에 실패한 사람들의 긴 역사를 한번 살펴보자.

- 상처 입은 비참한 영혼들은 슬픔에 찢겨서 다시 사랑할 용기를 내지 못한다.
- 시무룩한 사람들은 사람과의 관계에서 더 이상 느낄 게 남아 있지 않고 새로운 차원의 사랑도 일으키거나 끌어낼 수 없다는 잘못된 고정관념을 믿는다.
- 마음이 삐뚤어진 악한들은 더 많은 사랑을 주거나 요청할 용기가 없어서 타인의 목숨을 빼앗는다.
- 무감각한 지도자들은 배려와 연민이 사람의 마음과 정신을 가다듬는 가장 좋은 도구라는 사실을 알지 못한다.
- 애달픈 방랑자들은 두려움에 마음을 꽁꽁 가둬두었지만 다른 사람들과 연결되고 받아들여지고 싶어서 결국 자신을 판다.
- 열정 없는 부부와 의심 많은 연인들은 사랑을 영원히 도둑맞은 듯 비통한 가슴을 안고 살아간다.
- 우리는 사랑이 고갈될 수 있는 한정된 자원이라도 되는 것처럼 나눠

주는 사랑의 양과 속도를 줄인다.

더 자세히 들여다보자. 우리는 마음속 천사들의 말에 귀 기울이지 않고 함께하는 시간과 관심, 공감, 더 큰 사랑을 원하는 사랑하는 사람들의 요청을 무시한다. 이런 마음의 상처와 홀대 속에서 어떻게 마음이 차갑게 굳어 버리지 않을 수 있겠는가?

우리는 사랑의 개념을 재구성해야 한다. 어제의 비극이나 오늘의 고통에도 우리는 사랑을 새롭게 느끼고 키워나가야 한다. 더 큰 힘과 깊이로 더 많은 사람이 사랑으로 향해야 한다.

당연히 우리는 사랑이 그 자체로 좋은 것이라는 사실을 알고 있다. 사랑에 자신을 활짝 여는 것이 삶의 비밀스러운 보물 상자를 여는 것과 같고 사랑이 공감과 연결고리, 영향력을 더 긴밀하게 만들어 준다는 것도 안다. 사랑은 우리를 더 나은 사람으로 만들어 주는 실질적인 도구다. 우리는 주변 사람들을 사랑함으로써 긍정적 환경을 만들고 심오한 성취감을 느끼게 해주는 정서적, 사회적 삶에 이바지한다. 이것을 우리의 목표로 삼자.

마음의 벽

━━

왜 많은 사람의 삶에 사랑이 부재하는가? 비극이 아닐 수 없다. 열린 마음으로 진실하게 마음껏 사랑하는 것에 왜 우리는 두려움을 먼저 느끼는 걸까?

그것은 상처에서 시작되었다.

우리는 풍요롭고 진정한 사랑이 넘쳐흐르는 그릇으로 태어났다. 그런데 우리에게 변화가 찾아왔다. 생각만큼 보살핌을 받지 못했다. 원하는 관심을 받지 못했다. 누군가 우리를 손가락질하고 판단하고 조롱하고 거부했다. 배려 없는 말과 이기적인 행동이 우리를 슬프고 겁먹게 했다. 이기심으로 뒤틀린 사랑과 잔인한 의도에 우리는 데고 으깨지고 당황하고 수치심을 느끼고 숨이 막혔다. 그래서 우리는 영혼의 빛을 보호하기 위해 마음을 닫기 시작했다. 아주 오랫동안 우리가 느끼거나 줄 수 있는 것들을 전부 둘러싸는 높은 담장을 쌓았다.

머지않아 극소수의 사람들만이 이 뚫을 수 없는 두껍고 차가운 벽 너머를 볼 수 있게 되었다. 하지만 그 선택받은 소수조차 우리가 줄 수 있는 것의 일부만 볼 수 있었다. 우리는 그들에게 사랑을 얼마나 보여줄지, 그들을 위해 마음의 불을 얼마나 밝힐지, 인생의 가장 중요한 한마디('사랑해')를 언제 말할지, 아니, 과연 말할 것인지를 계산했다.

진실은 이렇다.
우리는 주고받는 사랑을 측정한다.
그것이 우리를 고통스럽게 한다.

시간이 지나면서 사랑을 보호하기 위해 세운 담장은 난공불락의 요새가 되었고 결국 사랑을 지키기 위해 만든 벽이 오히려 사랑을 차단하게 되었다.

이 거대한 담장의 비극은 미숙한 혼란 속에서 위험천만하게 시작된다. 청소년기를 맞이하면 우리는 "마음을 지켜라."라고 외치는 집단 히스테리에 이끌려서 사랑이 적이라는 잘못된 믿음을 가지게 된다. 우리는 심장에 화살을 맞은 것처럼 상처입어서 사랑이 줄어들거나 손상되었다고 느끼게 되었다. 마음의 상처가 사랑 때문이라고 믿는 집단 무의식 속으로 휩쓸려 들어갔다. 이것 때문에 너무 많은 사람들이 불행해졌다.

상처는 사랑과는 아무 상관이 없다. 사랑은 고통과도 아무런 관계가 없으며 고통에 흔들리지도 않는다. 우리는 "내 마음은 사랑으로 가득 차 있다."라고 말하지만 사실 사랑은 우리의 마음이나 관계에 구속되지 않는다. 사랑은 우리에게 갇혀있지 않다. 찌르거나 조롱하거나 막을 수도 없다. 그리고 고통과 상처와 상관없이 사랑은 절대로 '잃을' 수 없다.

사랑은 인간의 마음에만 국한되는 것이 아니므로 안이나 밖에 잡아 둘 수 없다. 이 사실을 자각하지 못해서 우리는 처음에 사랑을 지키려고 했다가 나중에는 두려움 때문에 사랑을 나눠주는 것을 제한하게 되었다. 우리는 사랑이 유한하고 소유하거나 잃을 수 있는 것이라고 생각한다. 우리는 그것이 부족하고 연약하다고 생각한다. 하지만 틀렸다. 이 오류가 삶에서 즐거움과 연결, 신성함을 빼앗아 색깔을 잃게 만든다.

진정한 신성

사랑은 신성하다. 사랑은 이 순간에 존재하는 영적인 에너지이다. 그것은 우주에 흐르며 우리와 우리의 적, 가족, 동료, 전 세계 70억의 타인을 통해 흐른다. 사랑에는 한계가 없고 사랑은 병에 담을 수도, 보호할 수도 없다. 사랑은 어디에나 존재한다. 자유롭게, 넘치게, 언제나.

이 사실을 기억하자. 사랑은 우리 삶에서 한순간도 없었던 적이 없다. 사랑은 단 한순간도 우리를 떠나지 않았다. 아무 데도 가지 않았다. 사랑의 존재감이 조금도 약해졌던 순간은 없었다. 사랑은 언제나 우리 곁에 있었고 앞으로도 마찬가지일 것이다. 단지 우리가 사랑이 줄어들었다고 인식했을 뿐이다.

지금 유일한 문제는 우리가 사랑에 마음을 열어 사랑이 흘러갈 수 있도록 허락하는 우리의 운명을 받아들이지 못하는 것이다. 우리는 다른 사람들을 위해 사랑을 담는 얼마나 훌륭하고 순수한 그릇이 될 수 있을까? 사랑을 얼마나 증폭할 수 있을까? 우리는 모든 것을 하나로 단결하는 사랑의 에너지를 사용해 얼마나 성숙하게 우리를 완성하고 단결시킬까?

상처 때문에 우리는 이 운명을 따르지 못하게 되었다. 어린 시절이나 청소년기, 직장이나 인간관계에서 상처를 입었을지도 모른다. 우리를 괴롭히고 이용하고 우리의 믿음을 배신하고 마음에 상처를 준 이기적인 사람들이 있었을 것이다. 하지만 그 불행이 사랑과 전혀 상관이 없다는 사실을 상기해야 한다. 고통, 상처, 수치, 후회, 슬픔의 감정들이 사랑의 의미에 어둠을 드리웠다면 이제 진리의 빛으로 그 어둠을 쫓아내야 한다.

과거에 느낀 고통을 부정할 필요는 없다. 고통이 있었다.

그러나 고통은 사랑과 아무 상관이 없으며
과거의 상처를 다시 깨우고 두려움으로 살아가는 시간은
이제 뒤로해야 한다는 사실을 깨달아야 한다.

우리가 느꼈던 과거의 고통은 더 이상 의미가 없고 우주에도 존재하지 않는다. 이 사실을 받아들인다면 사랑에 대한 우리의 이해가 족쇄를 벗을 수 있을 것이다. 우리는 비전과 선택과 의지가 가능한 인간으로서 과거는 과거인 것을 인정해야 한다. 과거의 불쾌하고 부정적인 기억을 반복할 필요가 없다. 과거의 고통은 우리가 현재로 불러내지 않는 한 더 이상 존재하지 않는다.

이제 우리는 성숙한 어른으로서 과거의 그 어떤 고통도 이 순간의 사랑과 아무런 관련이 없다는 것을 알아야 한다. 사랑은 화살의 고통을 느끼지 못했다. 우리가 느꼈을 뿐이다. 사랑의 잘못도 아니고 지금 우리의 사랑을 충분히 받지 못하고 있는 불쌍한 영혼들의 잘못도 아니다. 우리의 심장에 박힌 화살을 빼내고 사랑의 개념에 다시 주의를 기울여 보자.

고통에서 벗어나는 길
—

고통과 상처를 헤쳐 나가는 길은 사랑뿐이다. 괴로움에서 벗어나는 가장 확실한 길도 항상 사랑에서 출발한다.

우리가 사랑을 지키기 위해 세웠던 담장은 불필요했다는

것을 인정하자. 우리가 보호하려던 것은 사랑이 아니라 우리의 멍든 자아였는지도 모른다. 사랑은 담장에 가둘 수 없기 때문이다. 만약 그것이 가능했고 높은 바리케이드가 악당들을 막을 수 있었다 한들 천사들과 사랑 많은 사람들까지도 들어오지 못하게 했을 테니 의미가 없었을 것이다. 우리는 그저 넘치는 사랑이 우리 삶을 자유롭게 들락날락하지 못하도록 막은 것뿐이다. 자신을 지키려다가 결국 가장 원하는 것을 막는다.

중요하니 다시 말하건대, 사랑이 줄어들었다는 개념은 잘못되었다. 사랑은 언제나 신성하고 늘 존재하며 우리 곁에 있고 넘치도록 흐른다. 우리의 마음에서 사랑이 줄어드는 것은 불가능한 일이다.

주고받음 속에 사랑이 없었던 적은 한 번도 없다. 사랑에 담긴 치유와 양육 능력이 지금 이 순간보다 커지는 순간은 없을 것이다. 그러니 어느 날 사랑이 사라질 것이라고 두려워하지 마라. 사랑의 힘은 시간이 지나도 변하지 않는다. 사랑은 지금까지 그런 것처럼 앞으로도 영원히 우주와 인류를 만드는 언제나 그 자리에 존재하는 화합의 힘으로 남을 것이다.

다시 한번 사랑에 마음을 열려면 이 사실을 기억해야 한다. 사랑이 줄어든 것이 아니라 내가 작아진 것이었다. 과거에 남들이 나에게 한 잘못을 바로잡아야 한다는 생각에서도 벗어나야 한다. 과거의 상처에 연연하지 말자. 거기에는 열정의 불꽃도 보물도 없다.

지금 우리가 원수를 갚을 과거의 상처는 존재하지 않는다. 과거의 상처를 싸매고 사랑의 바다에 담그자. 사랑이 줄어들거나 망가졌다고 말하는 우리 마음속의 담장을 허물자. 사랑은 우리가 '소유'하는 것이 아니라 우리의 부족함이나 타인의 이기심과 무관하게 이 세상에 독립적으로 풍성하게 존재하는 것임을 기억하자.

돌파구

인생의 모든 돌파구는 더 높은 차원의 에너지를 통과시킨다. 대부분의 경우 그 에너지는 사랑이다. 걱정과 상처의 담장을 허물면 사랑의 밝은 빛줄기가 우리를 비추고 우리를 통과한다. 작은 사랑의 빛만으로 우리 마음을 둘러싼 슬픔과 부정의 갑옷에 구멍을 내기에 충분하다.

고통으로 쪼그려 앉아 있던 담장 안에서 나와 두 눈을 뜨고 당당하게 서서 다른 사람들에게 깃든 신성한 사랑의 에너지를 다시 한번 느껴보자. 그들이 두려움이나 상처로 사랑을 깊숙이 묻어놓았어도 분명 그 에너지가 느껴질 것이다. 이 깨달음으로 삶이 빛을 되찾고 마음의 하늘이 색깔을 회복하고 우리 안에서 신성한 불이 타올라 다시 사랑하고 배려하고 교감하고 진정으로 살 수 있다. 형제자매의 잘못을 용서해 주고 사랑할 수 있다. 인내심 없는 배우자에게 연민을 느낄 수 있다. 고군분투하는 동료에게 이해심을 보일 수 있다. 다시 한번 모든 인류를 사랑할 수 있다.

마음이 굳어 버린 냉소주의자들은 사랑의 새로운 탄생과 새로운 방향에 관한 이 이야기를 받아들이려 하지 않을 것이다. 하지만 그러면 언제까지나 진짜 힘도 없고 세상에 이바지하지도 못하는 연약하고 별 볼 일 없는 삶을 살 수밖에 없다. 사랑을 외면하면 개인적 차원의 초월과 사회적 선, 영향력을 위한 궁극적 도구를 잃어버리는 것이기 때문이다.

사랑의 힘을 비난하는 자들에게는 비참함만 있을 뿐이다. 인류가 두려움에 사로잡혔던 시절의 눈멀고 야만적이고 세상과의 연결고리가 끊어진 유물로 전락할 것이기 때문이다.

우리 영혼을 통해 사랑이 진동할 때 우리는 놀라운 힘으로 주변 사람들에게 열정과 생동감을 불어넣어 줄 수 있다. 이 에너지로 우리는 모든 사람에게 아름다운 존재가 된다. 자신에 대한 걱정에 사로잡혀서 바로 눈앞도 잘 보지 못하는 사람들에게조차 우리가 아름다워 보일 것이다. 이 에너지는 인간이 서로와 연결되는 데 필요한 모든 힘을 우리에게 준다. 보살핌, 인내, 사려, 친절, 연민, 공감 또한 사랑의 에너지는 인류 화합에 필요한 우리 안의 용기를 깨움으로써 우리를 리더로 만들어 준다.

더 높이 비상하다

우리는 우리 자신과 다른 사람들을 완전히 사랑해도 된다고 언제, 어떻게 허락할 것인가?

아무런 조건 없이 지금 바로 허락해야 한다.

다른 사람들을 즉각 믿어야 한다는 뜻인가? 그렇지 않다. 타인에게 사랑을 보내는 데는 신뢰가 필요하지 않다. 우리는 범죄자나 악당조차 사랑할 수 있다. 그렇다고 그들을 신뢰할 필요는 없다. 단지 같은 인간이자 신의 자녀로서 그들의 신성을 인정할 뿐이다. 비록 그들이 그 신성을 느끼거나 표현하지 않고 다른 사람들을 타락시키려고 할지라도 말이다. 모든 존재는 사랑에서 태어나고 안에 사랑이 있으며 사랑으로 돌아간다. 행동에 대한 자각이 없거나 잔인함이 있더라도 다르지 않다. 이 진리를 외면한다면 증오와 무관심을 불러낼 뿐이다.

신뢰가 관계에서 꼭 필요한 것은 사실이다. 친밀감이나 연인의 사랑을 얻으려면 상대방에게서 헌신적인 마음을 끌어내야 하니까. 하지만 어떻게 해야 사랑의 에너지를 받을 자격이 생기는지에 관해서라면 아무것도 하지 않아도 자격이 있다. 사랑받을 '자격'은 따로 있지 않으며 사랑은 소수만을 위한 특권도 아니다. 신의 손은 사랑을 모두에게 넉넉하게 나눠준다.

그렇다면 우리는 모든 사람의 선택과 행위를 인정하고 존중해야 할까? 아니다. 우리는 잘못을 저지른 사람들을 거부하고 회개시키고 심지어는 벌할 수도 있다. 하지만 그렇게 하면서도 그 사람들을 사랑할 수 있다. 상대가 나쁜 행위를 저질렀다는 이유만으로 우리가 맑은 사랑을 나눠주는 존재라는 역할이 흔들릴 필요는 없다. 예를 들어, 우리는 이기적이고 냉담한 아이를 벌줄 때 이기적이거나 냉담할 필요가 없다. 재소자가 저지른 범죄를 용서하지 않고도 그가 기본적인 인권을 누리고 내면의 사랑을 발견하도록 도와줄 수 있다. 우리의 힘을 내주지 않고도 우리를 짓밟는 사람들을 용서할 수 있다.

한마디로 우리는
상대가 자격이 있든 없든, 요구했든 하지 않았든,
보답이 돌아올 것인지 아닌지와 상관없이
만나는 모든 사람을 신성한 의도로 대할 수 있다.

상대의 의도나 행위와 무관하게 우리에게서 사랑이 흘러나올 수 있다. 우리는 대가를 바라지 않고 모든 사람에게 눈

빛과 몸짓으로 영적인 힘을 흘려보낼 수 있다. 우리는 우리의 사랑을 세상으로 흘려보내야 한다. 이유는 없다. 그것이 우리 본성일 뿐이다.

사랑은 다른 미덕과 마찬가지로 의식적인 일이어야 하고 그 어느 순간이라도 존재하는 천사 같은 충동과 추악한 충동 가운데 우리가 직접 선택하는 의지의 힘이어야 한다. 위대함으로 비상하고 사랑을 너그럽게 베풀기 위해서 우리는 자신의 나약함과 악의 성향을 알아야 한다. 우리가 언제라도 어둠으로 들어갈 수 있다는 사실을 잊지 않음으로써 빛을 찾아야 한다는 것을 기억할 수 있다. 잔인함의 유혹을 기억함으로써 동정심과 사랑을 선택해야 한다는 의지를 기억해야 한다.

우리는 천사가 아니다. 인간이다.
하지만 그래도 더 높은 곳으로 올라가야 한다.

사랑을 느끼고 증폭하기 위해 우리는 꼭 우리 자신을 사랑할 필요가 없다. 하지만 그것 역시 목표로 삼자. 자신을 먼저 사랑해야 타인을 사랑할 수 있다는 것은 아무런 도움이 되지 않는 환상이고 고정관념이다. 이것은 다른 사람들을 사랑하기 좋은 순간을 기다리라는 허락에 불과하다. 우리의 마음이 불안정하면 타인을 사랑하면 안 될까? 사랑하는 데 필요한 것은 사랑이 우리 안에 흐르게 하는 것뿐이다. 사랑을 소유하려고 하지 말고 우리가 완벽해져야만 사랑을 베풀 수 있다는 생각도 버려라. **사랑은 완벽하다. 우리가 완벽할 필요는 없다.** 자신의 모든 면을 사랑해야만 다른 사람도 사랑할 수 있다고 믿는다면 이기적이고 바보 같은 일이다. 물론 우리 자신을 받아들이고 사랑하는 것이 목표가 되어야 한다. 하지만 자유와 행복, 타인과의 유대감을 방해하는 자신의 특정한 태도나 행동을 싫어할 수도 있다. 자신에게 마음에 들지 않는 부분이 있다면 바꾸면 된다. 그것을 고칠 때까지 마냥 기다리면서 사랑의 빛을 타인에게 비추는 일을 미루면 안 된다. 우리가 완벽하고 항상 행복할 수 있다는 것은 환상에 불과하다. 그런 찬란하고 영광스러운 날이 오기만을 기다리느라 타인에게 신성한 사랑의 빛을 비추는 일을 미루면 안 된다.

신성한 의도

———

사랑에 마음을 열고 사랑을 내보내는 것은 가장 고상하고 용기 있는 행동이며 가장 고귀한 자유라고 할 수 있다. 하지만 그렇게 신성한 의도를 항상 가지거나 항상 그렇게 용감할 수 있는 사람은 극소수일 것이다. 그러나 우리는 원한과 나약함, 또는 무관심 속에서 살아가는 사람들과는 다른 길을 가야 한다. 위대한 사람이 되고 싶다면 커다란 사랑을 세상에 흘려보내야 한다.

사랑으로 정의되는 삶을 선택하자. 모든 사람의 눈을 보면서 우리의 생각과 행동을 통해 이런 메시지를 보내자.

당신에게 사랑과 기쁨만이 넘치기를 바랍니다.

하지만 우리가 살아가는 세상에서 사랑은 타인을 향한 의도 그 이상임을 기억해야 한다. 서로가 적극적인 배려와 존중심을 보여주지 않는다면 우리는 사랑을 줄 수도, 느낄 수도 없을 것이다. 이 신성한 사랑은 우리 주변 어디에나 있지만 사랑은 의도가 아닌 행동으로 오가고 느껴져야 한다. 사랑은 생각하는 것이 아니라 주는 것이다.

인생의 모든 날과 마찬가지로 우리는 오늘 하루 어떤 사람이 될지, 세상과 어떻게 상호작용할지를 선택할 수 있다. 의도도 관심도 없이 사람들을 대할 수도 있고 악의와 무시로 대할 수도 있다. 그런가 하면 심오한 사랑의 의도와 불꽃, 생명력이 가득한 에너지로 사람들을 대하면서 이 세상에 사랑과 신성이 얼마나 풍요롭게 넘쳐나는지를 깨닫게 해줄 수도 있을 것이다. 우리가 어떤 선택을 하느냐에 따라 우리 삶의 품격과 관계의 깊이가 그리고 인류 희망이 달라질 것이다.

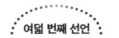

위대한 미래를 설계하라

나는 당신이 어떤 운명으로 살지 모르지만 이것만은 장담할 수 있다.
정말로 행복한 사람들은 어떻게 봉사할지 찾고 발견한 사람들이다.

— 알베르트 슈바이처Albert Schweitzer

사람들이 무관심과 비전의 부재로 죽어가기 시작하면 리
더가 목소리를 내야 한다. 도덕성이 오염된 불결한 환경에
서 소수의 명예롭고 용감한 사람들이 나타나 평범함에 도
전하고 세상의 방향을 바꿔야 한다.

하지만 대부분의 사람들은 나태한 삶을 선택한다. 우리
는 위대해지고 싶은 욕망을 두려워하지 말고 인간의 탁월
함을 상징하는 꺼져가는 금빛 햇불을 들어 올려 다시 한번
힘과 생명력으로 불을 붙어야 한다. 모두가 볼 수 있도록.

우리 모두는 서로에게 살아 있는 본보기 역할을 한다. 우리는 인품과 행동을 통해 위대함과 봉사의 밝은 빛을 저 먼 구석구석까지 비출 수 있고 가까이에 있는 불행한 사람들에게 옹졸함과 이기심의 그림자를 드리울 수도 있다. 더 나은 삶과 더 나은 세상을 위한 우리의 노력이 만약 진실한 봉사 정신에서 나온 것이라면 사람들에게 감동과 영감을 줄 것이고 탐욕에서 나온 것이라면 오히려 사람들을 작게 만들 것이다.

우리는 용감하게 물어야 한다. "나는 이 혼란의 시대에 매일 사랑과 봉사의 본보기가 되고 있는가? 주변 사람들의 에너지를 끌어 올려주는가? 사람들이 잠재력을 찾고 발휘할 수 있도록 이끌어 어떤 식으로든 인류의 발전에 기여하고 있는가? 나는 진정으로 위대한 삶을 살고 있는가?"

위대함을 찾고 그에 필요한 노력을 해야 한다는 것이 모두의 의식 속에 자리 잡아야 한다. 내면의 위대한 힘을 일깨워 고군분투하는 이들의 어깨에서 세상의 무게를 덜어 주자. 우리는 세상과 타인에게 관심을 기울이는 관용과 뛰어난 능력을 갖춘 리더가 되어야 한다. 분명한 의도를 담아 세상과 우리 자신에게 선언한다. 위대한 미래를 설계하라.

위기에 놓인 세상

세상 사람들은 위기에 처해 있다. 우리는 시끄럽고 무감각하고 자기도취에 빠진 시대에 살고 있다. 대부분의 사람들은 자기 숙달이나 사회적 책임감에 역량과 관심을 쏟지 않고 게임이나 관음증, 선정성에 낭비한다. 우리는 무모하게도 진정으로 중요한 것, 즉 개인과 사회가 위대해지는 노력을 포기하고 화려함, 스릴 넘치는 속도와 편리함, 무의미한 표현을 선택했다. 인류 전체가 중년의 위기에 빠진 것 같다. 위대한 비전의 시대는 지나가 버렸다. 이제 사람들은 신속한 성공한 확실한 것만 추구한다. 노력은 특권의식에 자리를 빼앗겼다. 자기애와 자만의 시대로 바뀌면서 사람들의 꿈을 실은 페이지는 오래전에 넘어갔다. 위대함은 거의 찾아볼 수 없게 되었다. 인류는 몇 대에 걸쳐 인간의 선함과 진보를 잇는 데 실패했다. 그 이유는 무엇일까?

대부분의 사람들은 자신이나 타인에게 높은 기준을 들이대는 것을 원치 않는다. 전자는 자기 규율이 필요하고 후자는 갈등을 초래하기 때문이다. 그래서 사람들은 자신의 형편 없는 행동에 핑계를 대고 사회적인 문제를 지적하지 않는다. 자신이나 타인에게 미덕이나 연민, 탁월성, 지혜가 담긴 행동을 기대하지도 않는다. 그들은 상사의 잘못을 보고도 못 본 척한다. 너무 고압적인 부모가 될까 봐 아이의 잘못된 행동을 바로잡아 주지 않는다. 우두머리 행세를 하는 것처럼 보일까 봐 팀원들에게 더 열심히 하라고 말하지 않는다.

본보기와 리더 역할을 맡는 사람이 더 많아지지 않으면 우리 사회는 침묵하는 이들이 침묵하는 이들을 이끄는 꼴이 될 것이다.

우리 사회에는 혼란스러운 안일함이 자리 잡고 있다. 모두가 더 좋은 것이 기다리고 있다는 것을 알지만 준비하는 과정이 너무 수고스러워서 도전하지 않는다. 그도 그럴 것이 현재의 안락함과 이윤, 쉬운 방법을 계속 이어가는 편이 훨씬 쉽다. 이런 습관은 우리의 위대함을 빛바래게 하고 전 세계적으로 리더십의 부재를 가져왔다. 이것은 무관심한 대중, 변명의 여지 없는 빈곤, 비양심적인 탐욕, 전쟁으로 황폐해지는 세상에서 너무도 분명하게 증명된다. 계속 이 길로 간다면 역사는 결코 우리에게 친절하지 않을 것이고 배신당한 운명은 우리에게 대가를 치르게 할 것이다.

노력하면 분명히 지금보다 나아질 것이라 생각하는 사람이 한 명도 없는 걸까? 비관론자들은 우리가 할 수 있는 게 없다고 말할 것이다. 그들은 세상이 망하고 있으며 회복이 불가능하다고 말한다. 인간이 너무 한심하고 이기적인 존재라 잘못을 바로잡을 능력이 없다고 말이다. 그런데 과연 이게 맞는 말일까?

물론 본인의 인생만으로 바빠서 남들은커녕 자신에게조차 영감을 불어넣을 수 없는 사람들도 있다. 하지만 더 나은 세상을 만들기 위해 정말 힘들게 노력하는 사람들도 분명히 있다. 그들은 매일 아침 일어나 더 나은 세상을 위해 싸우고 적극적으로 배우고 성장과 기여를 위해 도전하고 자신의 진실성과 아이들의 인성, 공동체에 깊은 관심을 쏟는다. 만약 세상 인구의 대다수가 서로를 위해 노력하거나 배려하지 않고 영혼 속에 자리한 선함의 불꽃을 피우지 않았더라면 세상은 진즉 망했을 것이다. 엄청난 전쟁 무기가 발명되었지만 인류가 아직 멸망하지 않은 것만 보더라도 대다수가 삶과 미덕을 더 선호한다는 것을 알 수 있다.

현재 우리는 수십억 명이 세상의 진보를 간절하게 원하는 흥미로운 시점에 놓여있다. 우리는 믿고 자신을 바치고 투쟁할 가치가 있는 무언가를 원한다. 창의력과 땀과 열정을 우리와 타인의 삶을 더 낫게 만들어 줄 무언가에 쏟고 싶어 한다. 더 이상 기다림은 없다. 지금 바로 리더가 되어 사람들을 이끌어라.

먼저 자신과 가족을 바로 세워라

우리는 가정에서 출발해야 한다. 오늘 밤 가족과 함께 둘러앉아 우리 가족에 대해 아주 솔직하게 이야기를 나눠보자. 우리는 믿음직하고 사랑 넘치는 부모이고 선한 자녀이며 사랑하는 사람들의 든든한 지지자인가? 우리 가정은 질서가 잘 잡혀있는가? 우리가 가족으로서 더 잘할 수 있는 것은 무엇인가?

보통 사람들은 위대함에 이르는 길에서 실패한다. 그 이유는 자신의 삶을 정직하게 바라보는 것을 피하기 때문이다. 그들은 다른 사람들을 이끌려고 하지만 정작 자신은 이끌지 않는다. 결국 어느 순간 그런 불일치에 회의를 느끼고 딴 길로 벗어난다. 그러므로 이렇게 질문해 보자. "내 삶에서 결국 마주하고 고쳐야 할 것은 무엇인가? 더 건강하게 먹어야 하는가? 그렇다면 그렇게 하자. 아이들에게 더 큰 인내심과 다정함을 보여줘야 하는가? 그렇다면 시작하자. 가족에게 도움이 될 일들 중에서 내가 미루고 있는 것은 없는가? 그렇다면 지금 바로 해결하자." 이렇게 우리 삶의 문제를 먼저 해결하면 세상의 문제를 바라볼 마음과 영혼의 준비를 할 수 있다.

세상을 바꾸기 위해 더 많은 영향력을 추구하고 더 많은 시도를 하다 보면 저절로 우리 인생에도 더 많은 관심이 향할 것이다. 그 과정에서 다른 사람들에게 본보기가 되어주고 삶을 바로잡아 주고 싶다는 동기도 부여된다. 뜻을 같이하는 이들에게 든든한 협력자가 되려면 먼저 가족에게 든든한 협력자가 되어주어야 한다. 다른 사람들이 과제와 의무를 수행할 에너지를 갖게 하려면 우리가 먼저 자신을 잘 보살펴서 그들에게 영감을 불어넣어 줄 수 있어야 한다. 지금까지 수많은 철학자와 리더들이 우리에게 일깨워 주었다. 세상의 변화를 추구하려면 우리 자신이 바로 그 변화가 되어야 한다고.

새로운 방식의 리더십으로
세상을 이끌 것이다

일단 가정을 바로잡고 난 뒤에는 세상과 다시 연결되려고 해야 한다. 우리의 목표는 타인이 그들만의 의미 있는 프로젝트와 목적을 찾도록 도와주는 것이다. 요즘에는 자신의 의제를 아랫사람들에게 강요하는 리더들이 너무 많다. 그들은 봉사가 이기적인 행동이 아니라는 것을 까먹었다. 위대함에 도달하려면 리더의 역할을 훔쳐서 전 세계 사람들에게 악영향을 끼치는 이기주의자나 극단주의자들과는 달라야 한다.

소위 리더라고 하는 사람들의 실체를 한번 보라. 그들은 인기를 잃는 것이 두려워서 신중하고 효과적인 방법을 선택하지 않고 끝없는 토론과 타협을 선호하며 대중의 필요보다는 정당의 방침을 중시한다. 그들은 두려움이 가득하지만 우리는 용감하게 일어설 것이다.

그들은 비슷하거나 더 큰 힘을 가지지 못한 사람을 얕잡아 본다. 평범한 직책을 가진 사람들이나 최전선 인력들과는 말을 섞지 않는다. 그들은 엘리트라고 뻗대지만 우리는 항상 겸허한 태도를 보이고 우리가 이끄는 사람들과 함께 현장에 있을 것이다.

그들은 열정적인 논쟁과 감정 표현을 피하려고 한다. 늘 반듯하게 격식을 갖추고 논리적으로 보이기를 바란다. 그들의 인간성은 기계와 다를 바 없고 온기가 전혀 없다. 그들은 감정을 버렸지만 우리는 불꽃을 가슴에 품고 진실한 감정과 연결을 간절하게 원하는 세상을 끌어당길 것이다.

그들은 지치고 나이보다 훨씬 더 늙어 보이며 목소리에 생기가 유지되지 않는 것처럼 보인다. 늘 시무룩하고 마음이 딴 데 있는 듯 피곤한 얼굴이다. 그들은 생기가 없지만 우리는 생기를 발산할 것이다.

그들의 공개적인 담론과 정책은 목소리만 큰 사람들과 극단주의자들을 중심으로 돌아간다. 그래서 공통분모가 거의 없는 언어와 믿음이 굳어지고 어리석은 고정관념으로 사람들을 분열시킨다. 그들은 극단주의자들에게 고개를 숙이지만 우리는 협력적이고 의식적인 세 번째 관점을 가져올 것이다.

그들은 미리 대비하는 것이 아니라 그때그때 반응하는 바보들이다. 변덕스러운 미디어에 휘둘리면서 그 무엇도 대변하지 못하고 대중매체의 저속한 속성에 순응할 뿐이다. 하지만 우리는 그들에게 없는 품격과 진실성을 보여줄 것이다.

그들은 버릇없는 아이들처럼 책임을 피하고 항상 남 탓을 한다. 그들과 달리 우리는 항상 자신의 행동과 그에 따른 결과를 책임질 것이다.

그들은 스포트라이트와 돈에 욕심이 많다. 그래서 더 많은 돈과 힘을 얻으려고 애쓴다. 그들은 탐욕스럽지만 우리는 검소하고 결핍에 시달리는 이들을 위해 싸울 것이다.

그들은 전문가를 선호하며 현재에 안주하려 한다. 젊고 아직 경험이 부족하지만 문제에 대한 신선한 관점을 제공하는 사람들의 말에 귀 기울이지 않는다. 우리는 그들이 무시하는 초보들을 친구이자 조언자로 삼을 것이다.

그들은 변화가 천천히 또는 형식과 전통을 통해서만 일어날 수 있다고 믿는 냉소주의자들이다. 그들은 거대한 운동의 힘을 경험하지 못했지만 우리는 우리만의 운동을 시작할 것이다.

우리는 우리 자신에게 이런 것들을 요구해야 한다. 우리는 기업들, 지역사회들, 국가들을 더 높은 차원의 탁월성과 위대함으로 이끄는 데 실패한 자들과 따로 서서 대담하고 새로운 방식의 리더십을 보여줄 것이다.

우리가 직장과 학교, 공동체에서 어떤 위치에 있든,
화합과 탁월함을 추구함으로써 새로운 대안적 본보기가 있음을 세상에 보여주자.

희망이 꺼져가고 빛과 리더십에 목마른 세상에서 우리는 등대처럼 환하게 빛나는 방법을 찾을 것이다.

이 세상에 새롭고 색다른 리더가 필요하다고 주장하는 사람은 거의 없다. 그러니 오늘 밤 우리가 어떻게 다른 리더가 될 것인지 성명서를 써보자. 이 질문들의 답을 적는다. 우리는 어떤 신념과 명분을 지지할 것인가? 세상의 문제에 어떻게 새로운 방식으로 접근할 것인가? 무엇이 새로운 운동을 일으킬까? 우리는 어떻게 일어설 수 있는가?

기준을 높여라

변화는 혼자서 만들어 낼 수 없다. 우리는 함께 행진하기를 원하는 사람들에게 거침없이 높은 기준을 요구해야 한다. 진정한 변화와 진보를 달성하고 싶다면 주변 사람들에게 더 많은 것을 기대해야 한다.

이것은 전혀 새로운 영역이 아니다. 오늘날 우리가 누리는 자유를 위해 오랜 세월 동안 수많은 사람이 피땀을 흘려가며 투쟁했다. 그들이 위대한 업적을 이루고 사람들에게 영감을 불어넣어 도움을 얻을 수 있었던 비결은 무엇일까? 그것은 바로 행동과 탁월함을 추구한 덕분이었다.

마찬가지로 우리의 유산이 세상에 미치는 영향은 대부분 사람들에게 더 높은 기준을 요구하는 우리의 의지에 달려 있다. 여기에서 요구는 강요나 명령을 의미하지 않는다. 물론 리더는 거침없이 명령도 해야 하지만 말이다. 요구는 기대를 설정하고 정직하게 의사소통하고 도전에 성공하는 사람들에게 보상을 주고 그렇지 않은 사람들은 지도함으로써 높은 수준으로 끌어올리는 것을 말한다.

지나치게 관용적인 오늘날의 환경에서는 질책이라는 개념을 싫어하고 리더가 아닌 친구가 되려는 사람들이 많은데 이 개념을 다시 살펴볼 필요가 있다.

악을 비판하고 낮은 기준에 대해 이의를 제기하고 나서는 사람들이 부족한 사회는 어둠과 평범함의 소용돌이에 빠진다.

잘못을 저지른 사람들은 잘못을 지적받아야 한다. 그러지 않으면 기준이 내려간다. 타인을 다치게 하는 10대에게는 망설이지 말고 그만하라고 말해야 한다. 그러지 않으면 이기적이고 잔혹한 어른들로 가득 찬 세대가 나올 것이다.

거짓말하는 정치인은 지적해야 한다. 그러지 않으면 거짓말쟁이들이 이끄는 나라가 될 것이다. 원칙을 무시하는 동료에게도 한마디 해주어야 한다. 그러지 않으면 직장에 속임수가 판을 치게 될 것이다. 올바른 세상은 자신과 타인에게 높은 기준을 적용하는 솔직한 사람들이 만든다.

다른 사람들의 신념과 행동에 정면으로 맞서고 영향을 끼치는 법을 배워야 한다. 그래야 모두가 의미 있는 목적을 향해 나아갈 수 있다. 그러려면 사람들에게 지금 제대로 하지 않고 있으니 더 잘하라고 말해야 한다. 생각만 해도 불편한 일이다. 평지풍파를 일으키지 않는 쪽을 선호하고 남들에게 많은 것을 요구하지 않는 요즘 세상에서는 더더욱 그렇다. 그럼, 대안이 있을까? 세상이 점점 더 냉담하고 부정직해지고 질이 떨어지든 말든 그냥 가만히 입 다물고 있는 방법이 있겠다.

어떤 사람들은 남들에게 너무 많은 것을 기대하지 말라고 말한다. 너무 많이 기대하는 것은 정당하지 못한 일이라고 말이다. 사람들의 힘과 잠재력을 의심하는 이들은 이렇게 말할 것이다.

"너무 심하게 하지 마. 다들 약하고 지쳤잖아. 작은 목표를 줘. 안 그러면 감당하기 힘들어하거나 너무 자주 실망할 거야."

이런 말들로는 위대함의 목표를 달성할 수 없다. 평범함만 가능하다. 회의주의자들의 말에 휩쓸려서 사람들의 잠재력을 과소평가하면 안 된다. 사람들은 현재 상태가 어떻든 상관 없이 더 큰 힘과 활력을 보여줄 수 있다. 타인의 성장과 위대함의 능력을 의심하고 신의 자녀들의 잠재력을 깎아내릴 자격이 우리에게 있는가? 사람들이 마주한 난관에 주의를 기울이되 항상 그들을 존중하고 높이 평가하자. 그래야만 그들에게 호감을 주고 능력을 발휘하게 유도할 수 있다.

위대함의 9가지 덕목

그렇다면 정확히 무엇을 타인에게 요구해야 하는가? 우리가 자신에게 요구하는 것을 타인에게도 요구하면 된다. 고결한 인품에서 나오는 행동, 약점과 강점 모두에 관한 관심, 지치고 힘들 때조차 탁월함을 위해 노력하고 세상에 이바지하고자 하는 의지 말이다.

우리가 그들에게 영향력을 끼칠 수 있는 분야에서 그들이 덕과 지혜로 행동하게 해야 한다. 다음의 9가지 덕목을 실천하도록 영감을 주고 위대함의 씨앗을 뿌리자.

첫째, 정직을 요구하자.

모든 사람은 긍지를 갖고 진실한 삶을 살고 싶어 한다. 거짓말을 해야만 하거나 거짓말쟁이라고 밝혀지거나 타인이 쳐놓은 거짓말의 거미줄에 걸리는 것을 싫어한다. 그러면서도 사람들은 작은 거짓말을 하고 사회의 무관심 덕분에 잘도 빠져나간다! 우리는 정직의 길을 걷고 정직하지 못한 사람들을 볼 때마다 그냥 넘어가지 말자. 사람들에게 솔직하게 살라고 하자. 누군가 거짓말을 하면 즉시 말해라. "너의 정직성이 걱정된다." 이런 허심탄회함을 통해 사람들에게 높은 기준을 적용하고자 하는 의지를 보여줄 수 있다. 우리는 진실에 관해서라면 절대로 타협하지 말아야 하고 다른 사람들에게도 그렇게 하고자 하는 마음을 불어넣어야 한다.

둘째, 책임을 요구하자.

많은 사람들이 자신의 행동에 대해 본능적으로 책임을 느낀다. 하지만 편의를 위해 책임을 피하는 사람들도 많다. 약속한 시간에 보고서를 끝내야 하지만 스포츠 경기를 보러 간다. 아이들 양육비를 보낼 돈으로 집세를 낸다. 행동에 책임져야 하는 것을 알지만 나쁜 행동을 부모나 문화 탓으로 돌리고 책임을 피하는 것이 훨씬 더 간단하다. 하지만 누군가 자신의 편의를 위해 의무를 저버리면 많은 사람들이 고통받는다.

우리가 리더로서 할 일은 만나는 사람들에게 책임감을 심어주는 것이다. 만약 우리의 영향력 아래 놓인 사람들이 의무를 다하지 못하거나 현실을 회피하면 자기 자신과 타인에게 부정적인 결과를 미친다는 사실을 알 수 있게 도와줘야 한다. 이렇게 말해야 한다. "당신이 그 보고서를 제때 제출해야 하는 책임을 다하지 못해서 팀 전체가 멈췄고 지난번 회의 때 아무런 준비도 되지 않은 상태로 참여했다는 걸 알고 있죠?" "당신이 아이 양육비를 보내지 않아서 당신 아들이 가게에서 빵을 훔쳤다는 걸 아나요?" "부모 탓, 문화 탓을 하는 건 아무런 도움도 안 됩니다. 과거야 어쨌든 당신의 행동과 인생 방향을 지금 책임져야 하는 것은 오직 당신 뿐이에요."

타인의 실수나 실패를 지적하는 것은 쉽지 않은 일이다. 하지만 진정한 리더가 되고 싶다면 꼭 해야만 하는 일이다. 이해심 많고 친절한 것도 좋지만 그들이 미래를 위해 발전할 수 있도록 직접적으로 열정적으로 도와주어야 한다. 누군가가 의무를 다하지 않고 무책임하게 행동하는 것을 보고도 지적하지 않는다면 리더의 자격이 없다.

셋째, 지성을 요구하라.

세상에는 삶과 공동체에 영향을 주는 중대한 사안들에 대해 무지하고 자신의 전문 분야에 대해서도 겉핥기식으로만 아는 사람들이 넘쳐난다. 무지는 사람을 냉소적으로 만든다. 그들은 진실을 알기 위해 노력하지 않는다. 결국 게으름이나 편견 때문에 진실을 알려고조차 하지 않는다.

무지를 찬미하는 사회 분위기를 바꿔야 한다. 현대 문화는 TV에 나오는 멍청이들, 잡지에 실린 무개념 인간, 방송에 나온 경솔한 극단주의자들을 찬양한다. 우리 아이들이 이것을 보며 맹목적으로 변할 수도 있다는 사실을 가볍게 여기면 안 된다. 위대해지고 싶다면 타인이 배우고 탐색하고 비판적으로 사고하고 지혜로워지는 것을 도와주어야 한다.

우리는 영향을 주고 이끄는 모든 사람에게 본보기가 되고 사려 깊고 지성적인 모습을 보여주어야 한다. 아이들에게는 공부를 더 하라고, 동료들에게는 연구를 더 하라고, 언론에는 더 균형 있고 정확하고 다채로운 뉴스를 전달하라고 요구해야 한다. 무지한 질문을 던지는 사람들에게는 좀 더 시간을 들여 질문을 준비하라고 독려한다. 동료가 무지하게 행동하면 더 지식을 쌓으라고 조언하고 멘토를 소개해 주어야 한다. 우리가 몸담은 분야에서 진정한 지혜와 천재성 또는 창의성을 목격한다면 그것의 절대적 옹호자가 되고 비범함을 장려해야 한다.

넷째, 탁월함을 요구하라.

위대해질 운명을 지닌 사람은 어떤 일이든 탁월하게 처리해야 한다. 우리는 무엇을 하든지 최고 수준의 성과와 업적을 이루기 위해 노력해야 한다.

우리의 영향력이 미치는 범위 안에서는 그 누구라도 건성으로 일하는 것이 허락되어서는 안 된다. 그런 사람을 발견했다면 우리의 높은 기대에 대해 허심탄회한 대화를 나누고 기대에 부합할 수 있도록 성심껏 도와주어야 한다. 만약 곧바로 따라오지 못한다면 빠르게 내보내야 한다. 우리는 평범함에 낭비할 시간이 없다. 탁월함의 목표를 공유하지 않는 사람은 유의미한 공헌을 할 수 없고 우리의 길에 어울리지 않으니 함께할 수 없다. 성과가 낮은 사람들을 내보내는 것에 대해 걱정할 필요는 없다. 그들은 빠르게 회복해 다시 자기 자리를 찾을 테니까. 이것은 무시하거나 잔인하거나 가치를 소중히 여기지 않는 행동이 아니다. 단순히 사람들이 기여할 수 있는 수준이 어느 정도이고 어떤 재능이 필요한지 알아보는 것이다. 우리는 사람들을 판단하고 '고치려고' 할 필요가 없다. 우리의 여정에서 우리 가치와 사명에 일치하는 사람들을 주변에 채우면 된다. 최고의 성과 기준을 요구하는 것을 망설이지 마라. 그 기준을 널리 퍼뜨리면 흔들리지 않는 기준으로 자리 잡고 더 높은 행동의 질을 추구하도록 모두에게 영감을 줄 수 있다.

다섯째, 용기를 요구하자.
세상의 운명은 용감한 행동에 헌신하는 사람들이 얼마나

많은가에 달려있다. 우리는 우리의 영향력이 미치는 모든 영역에서 두려움을 극복하고 우리가 사랑하고 섬기는 사람들에게도 두려움을 극복하는 강력한 힘을 불어넣어 주어야 한다. 우리는 사람들에게 말이 아닌 행동을 중요시하라고 동기부여를 해야 한다. 말이 실질적인 행동을 대신하도록 절대 허용해서는 안 된다. "그것에 대해 어떻게 생각합니까?"라고 묻는 것에 그치지 않고 "그것에 대해 어떤 행동을 했습니까?"라고 물음으로써 사람들을 도와줄 수 있다.

우리는 사람들이 몸을 웅크리고 침묵하거나 꿈에서 멀어지려고 하는 모습을 보면 이유를 물어봐야 한다. 만일 변명으로 가득한 나약한 대답이 돌아온다면 그들의 의지와 용기를 일깨워 줘야 한다. 용기는 똑바로 마주할 때 자라난다. 두려움과 불의를 똑바로 마주 보게 만들고, 숨지 말고 타인을 도우라고 가르치고, 침묵하지 말고 허심탄회한 대화를 요청하고, 도망치지 말고 일어나라고 함으로써 우리는 다른 사람들이 용기를 갖도록 도울 수 있다.

여섯째, 타인에 대한 존중을 요구하자.
존중의 빛은 인간관계의 모든 다른 덕목들, 즉 친절, 연민, 공정, 공감, 사랑을 길러준다. 우리는 영감을 불어넣고자 하는 사람들을 진심으로 존중해야 한다. 단호하고 까다롭게 대할 때도 존중의 태도를 보일 수 있다. 그리고 그들에게 다른 사람들에게도 똑같이 존중을 보여주라고 말한다. 리더의 역할을 맡으면 자신에게든 타인에게든 무례하게 구는 일이 많이 생길 수 있다. 나쁜 행동을 저지른 사람에게도 친절하게 대해야 하지만 사과와 문제를 바로잡을 것을 당당하게 요구해야 한다. 무례한 사람에게 애정과 인내를 보여야 하지만 확실한 경고도 잊지 말아야 한다. 남을 무시하거나 잔혹하거나 거들먹거리는 행동을 용납해서는 안 된다. 이 일을 제대로 못 하면 우리 스스로 존중받을 자격을 잃게 된다.

일곱째, 경각심을 요구하자.

위대한 사람들은 건강한 수준의 편집증을 종종 보인다. 빛나는 명분을 집어삼킬지 모르는 어두운 그림자에 대한 예리한 주의력이다. 추진력, 규율, 끈기, 헌신처럼 지속적인 성공에 필요한 모든 것들은 우리가 무엇을 위해 싸우는지, 어디에서 실패할 수 있는지, 우리의 도덕성은 어떤지, 얼마나 성공적으로 나아가고 있는지에 대한 예리한 인식에서 나온다. 경각심을 가진다는 것은 중요한 것에 관심을 집중하고 그것들을 향한 진보를 정직하게 평가한다는 뜻이다. 우리는 끊임없이 이렇게 말해야 한다. "주의를 기울이자. 내가 무엇을 하는지, 무엇을 더 잘해야 하는지, 어떤 장애물이 있는지 알자." 위대한 리더들은 항상 날카로운 의식 상태를 유지한다. 경계하지만 차분하다.

여덟째, 봉사를 요구하자.

너무나 많은 사람들이 잊고 있지만 우리의 선조들은 우리에게 임무를 남겼다. 우리의 에너지와 지식, 재능을 변화를 만드는 데 사용하라는 것이다. 서로의 인생을 더 낫게 만들 목적이 아니라면 우리가 도대체 무엇을 위해 싸우겠는가? 가족과 지역사회, 세상을 위해 우리는 다시 한번 봉사의 정신을 되새겨야 한다. 봉사는 타인에게 선하고 유익한 일을 하고 필요할 때 따뜻한 도움을 주려는 의지를 뜻한다. 우리 주변 사람들은 남을 깊이 배려하는가? 남을 도와주려고 하는가? 그들은 상황을 바로잡고 봉사 대상에게 감동을 주는 것을 중요시하는가?

봉사의 덕목을 갖추지 못한 사람들을 곁에 두어서는 안

된다. 그런 사람들은 즉각 내보내라. 이기적이고 무정한 사람들은 영광으로 가는 길에 방해가 된다.

아홉째, 화합을 요구하자.

공동체를 떠받치는 기둥이 튼튼해지려면 뒷말이나 옹졸함이 없어야 한다. 우리는 사람들에게 관용과 유대, 공동체 의식을 독려해야 한다. 항상 "우리는 한배를 탔다."라는 사실을 일깨워 주자. 적재적소에 인재가 배치된 후에 리더들이 품는 가장 기본적인 기대는 중요한 목표를 향해 함께 행진하는 것이다. 함께 일하고 함께 투쟁하고 함께 성취하는 것.

우리는 내부 싸움을 일으키는 나약하고 옹졸한 리더가 되어서는 안 된다. 모든 의사소통에는 '다 함께'라는 주제가 언제나 들어있어야 한다. 뒷말하지 말고 이 팀이 저 팀보다 더 중요한 것처럼 보이게 하지 말자.

이기적인 사람들이나 편협한 관심사를 드러내는 사람들에게는 전체적인 유대관계와 타인에의 봉사를 일깨워 준다. 개인을 칭찬할 때는 그 사람이 팀과 문화에 끼친 긍정적인 영향력에 집중해야 한다. 사람들이 '나'보다 '우리'라는 말을 더 자주 할 때, 다 함께 성공을 기뻐하고 함께 먹고 함께

울고 함께 분투할 때, 승리가 찾아온다.

정직, 책임, 지성, 탁월성, 용기, 존중, 경각심, 봉사, 화합. 이 아홉 가지는 우리가 반드시 갖추어야 하고, 타인에게도 기대해야 하는 위대함의 덕목이다. 이 덕목은 훌륭한 인재를 길러주며 세상의 병폐에 맞서는 검이기도 하다.

이 덕목들의 요구에 부응하는 것은 상당히 어려운 일이다. 어떤 사람들은 그렇게나 높은 기준을 충족하지 못하는 이들을 어떻게 그냥 남겨두고 갈 수 있냐고 할 것이다. 하지만 모든 사람이 우리의 여정을 함께해야 한다는 것은 큰 착각이다. 현실적으로 우리의 행진에 동참하고 싶지 않은 사람들이 있을 테니까. 그들이 수치심이나 애석함 없이 우리의 행렬에서 빠져나가게 해주어야 한다. 모든 사람이 우리의 모든 노력에 동참할 필요도 없고 모든 사람이 우리가 추구하는 위대함을 달성하기 위한 기준에 부응할 수 있는 것도 아니다. 그러니 진정으로 헌신할 준비가 된 인재들을 찾자. 나머지 사람들은 그들에게 맞는 열정과 목적을 찾을 것이다.

어둠의 종말

우리가 위대함의 목표를 향해 함께 뛰고 봉사하는 사람들에게 무언가를 불어넣을 수 있다면 결과는 어떻게 될까? 적어도 우리의 영향력이 미치는 영역에서는 평범함이 사라질 것이다. 물론 광범위한 사회이므로 낮은 기준은 언제나 존재할 것이고 전 세계적인 변화는 아주 오래 걸리므로 죽은 자만이 전쟁과 가난, 모든 어둠의 끝을 보는 것도 사실이다. 하지만 그래도 살아 있는 사람들은 계속 노력해야 한다. 적어도 여러 사회적 병폐를 끝내기 위해 노력해야 한다. 우리가 지금 하지 않는다면 누가 언제 하겠는가? 우리가 더 나은 세상을 위해 노력하지 않는다면 나중에 역사가 뭐라고 하겠는가?

훌륭한 인품과 양심을 갖춘 사람이 더 많아지는 인류의 새로운 새벽이 올 수 있을까? 만약 의심한다면 당연히 실패할 것이다.

이전 세대들로부터 책임을 이어받아 더 멀리까지 나아가고 짐도 영광도 더 널리 나눈다면 우리는 미래 세대가 축하하고 열망하는 위대함의 본보기를 남길 수 있다. 우리에게 영감을 준 이들의 피땀 어린 노력에 대한 존경심으로, 우리가 사랑하고 섬기는 사람들과 위대함의 운명을 아직 모른 채 앞으로 비상할 시간을 기다리고 있는 사람들에 대한 의무로, 계속 나아가자.

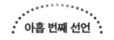

시간을 붙잡아라

인생의 목적은 사는 것이고 산다는 것은
즐겁게, 얼큰하게, 고요하게, 신성하게 인지하는 것이다.

— 헨리 밀러Henry Miller

삶은, 의미 있는 순간들을 담은 점점 커지는 활기차고 심오한 모자이크와 같다. 완전히 몰두하게 만드는 매일 하루와의 웅장하고 헌신적인 열애다. 우리는 삶을 느끼고 눈앞에 나타나는 모든 것에 깊이 몰두하고 운명이 주는 선물들을 기쁜 마음으로 풀어 보아야 한다.

지금 이 순간을 놓치면 안 된다. 멍한 상태에서 자신의 감각과 주변 환경을 의식하지 못하고 이 순간의 마법에 눈과

331

귀를 모두 닫고 하루를 날려버리면 안 된다. 여름날에 시원한 냇가에서 휴식을 취하는 것처럼 매일 하루를 즐겨야 한다. 어둠이 찾아올 때도 경이로움으로 주변을 둘러보고 아름다운 장면들과 작은 기적들을 마음에 담는다. 수많은 고요한 반딧불이와 달빛으로 되살아난 들판을 바라보며 매료되어야 한다.

우리는 지금 이 순간을 놓치면 안 된다. 우리 뇌는 설탕과 카페인의 도움으로 샘솟은 일시적인 힘으로 움직이면서 무의미하고 부정적인 정보를 꽉 채우고 단 하나의 초점이 아니라 수많은 쓸데없는 과제를 처리한다. 몰입이나 성취, 기쁨과는 전혀 상관없는 일들이다. 우리의 뇌는 이렇게 움직이도록 만들어지지 않았다.

지금 이 순간을 놓치면 안 된다. 우리 몸은 감각과 활동의 즐거움이나 무언가를 만드는 하루의 보람찬 노동에서 오는 육체적 피로의 즐거움을 빼앗긴 채 몇 시간이나 책상 앞에 앉아서 나태함에 질식되고 있다. 우리 몸은 이렇게 움직이도록 만들어지지 않았다.

지금 이 순간을 놓치면 안 된다. 우리의 영혼은 과거에 갇힌 채 헛된 집착과 오래된 이야기의 무게에 짓눌리고 과거의 분노와 후회에 얽매여서 '지금'이라는 하얗고 깨끗한 마음의 하늘에서 날아오르지 못하도록 의도되지 않았다.

지금 이 순간을 놓치면 안 된다. 가족들은 정신없이 급박하게 돌아가는 삶을 원치 않는다. 그들은 우리가 옆에 있어도 우리의 몸이나 마음이 딴 곳에 가 있는 듯한 모습이 우리에 대한 유일한 추억이기를 원하지 않는다.

우리는 지금 이 순간과 이 삶을 놓치면 안 된다. 하지만 우리는 놓치고 있다. 기진맥진하고 스트레스가 심해서 현재와의 연결고리가 끊어졌다. 그 대가는 엄청나다. 매 순간 서두르고 걱정하고 초조해하느라고 기쁨 없는 삶이라는 재앙으로 이어진다.

우리는 삶을 훨씬 더 많이 음미할 수 있다. 매일이라는 선물을 인식하고 삶에 깊이와 감정과 의미를 가져오려고 조금만 집중하고 노력하면 된다. 이것을 우리의 목표로 삼자.

우리의 초점을 혼돈에서 우주의 진정한 질서로 바꾸자. 그러면 지금 이 순간에 자유와 평화를 마음껏 음미할 수 있다.

우리는 다시 숨 쉬어야 한다. 주위에 있는 것들을 깊이 들이마셔서 몸의 감각을 되살아나게 하자. 우리의 심장을 다시 삶에 연결하고 희망과 열정과 사랑으로 이 순간의 노력을 채우자. 이를 위해서는 관심과 시간과 에너지를 새롭게 사용하고 삶의 의도와 속도를 바꾸기만 하면 된다. 다시 느끼고 음미하고 어쩌면 태어나 처음으로 살아보기 위해 한 템포 늦추자. 지금이 마침내 삶이라는 축복을 즐길 수 있는 순간이다. 시간을 붙잡아라.

시간은 유한하다

후회와 당혹감에 휩싸인 사람들이 소리친다. 시간이 더 많은 줄 알았다고.

아이들이 커서 집을 떠날 때 우리는 그렇게 외친다. 스트레스가 덜한 미래의 어느 날 아이들이 떠날 때가 오면 담담하게 받아들이겠다고 계획해 놓기라도 한 듯이. 아이들이 크는 모습을 지켜볼 시간이 더 있을 줄 알았는데.

갑자기 직장을 그만두게 될 때도 우리는 그렇게 외친다. 마치 회사에 줄 것이 더 있기라도 한 것처럼 말이다. 마치 언젠가는 정말로 멋진 성과를 올려서 엄청난 기여를 하게 될 날이 오리라 생각한 것처럼. 내 능력을 제대로 보여주고 내 흔적을 남길 시간이 아직 남아 있을 거라 생각했는데.

사랑하는 사람이 떠날 때도 우리는 깜짝 놀라며 생각한다. 전혀 예상하지 못했고 아무런 조짐도 없이 갑작스럽게 일어난 일이라도 되는 것처럼. 사랑의 열정이 오래전 식은 것이 내 잘못이 아니고 언젠가는 더 좋은 모습을 보여주려고 한 것처럼. 내가 당신을 얼마나 사랑하는지 표현할 시간이 더 있을 거라고 생각했는데.

우리는 이 세상을 떠나는 마지막 순간에도 숨을 헐떡이면서 그렇게 말한다. 고통이 점점 흐릿해지고 마침내 평화와 빛으로 바뀌는 순간이다. 만약 후회스러운 삶을 살았다면 자신에게 이렇게 말할 것이다. 언젠가는 제대로 살려고 했는데 갑자기 살고 사랑할 시간이 없다는 사실에 놀랐다는 듯이. 언젠가 우리가 마지막 부름을 받을 날을 향해 그동안 계속 시계가 분주하게 돌아가고 있었다는 것을 깨닫지 못했던 것처럼. 시간이 더 있는 줄 알았는데.

정말 우리는 이런 것들을 몰랐을까? 무한한 우주에서 우리에게 주어진 시간은 유한하다는 엄청난 아이러니를 왜 바보처럼 알지 못할까? 우주의 질서와 이유는 이해하지 못한다고 해도 그 결말만큼은 예측할 수 있다. 우리의 삶은 우리가 살면서 얻은 사랑 외에는 팡파르나 크레셴도도 없이 너무도 빨리 심지어 잔인하거나 너무도 쉽게 끝날 수 있다는 것 말이다.

그 순간이 다가왔을 때 왜 사람들은 놀라면서 인생의 카드 한 벌을 더 달라고 애원할까? 신이 이미 너그러운 마음으로 나눠준 카드를 제대로 사용하지 않은 사람에게 계속 인내심을 보여주리라고 생각하는 것처럼 말이다.

우리는 다가오는 마지막을 탄식할 것이다. 죽음이 찾아와 우리 귀에 대고 하늘로 돌아갈 운명의 순간이 왔다고 속삭이는 날을 피하려고 애쓸 수도 있다. 그런 일은 없을 거라고 자신을 속일 수도 있을 것이다. 사랑하는 사람들이 세상을 떠나거나 사고가 일어나거나 마른하늘에 날벼락 같은 일이 일어났을 때 우리는 최대한 인생을 즐기라는 힌트를 받지만 모두 놓쳐 버린다.

우리가 언젠가 죽는다는 사실에 대해 생각하지 않는다. 할 일이 산더미처럼 쌓여 있는 상태로 끊임없이 시계를 확인하면서 무엇을 해야 하는지만 생각한다. 지금 이 순간 운명이 우리에게 손을 흔들며 이렇게 외쳐대도 보지도 듣지도 못한다. 친구여, 너는 이미 있어야 할 곳에 있는데 그것을 왜 모르니? 뭔가를 찾으려는 것은 그만두고 주변을 둘러보고 느껴봐. 모든 게 지금 여기에 있어. 그걸 모른다면 넌 삶을 놓칠 거야.

우리 앞에는 오직 새로움만 있을 뿐

많은 사람이 과거나 미래를 위해 현재에서 도망친다. 지금 이 순간이 아닌 다른 시간, 다른 곳에 있기를 꿈꾼다. 그 결과는 어떨까? 그들은 지금 여기에 살아 있지만 지금이 아닌 다른 시간을 살므로 유령이다. 주변 사람들은 그들을 완전히 볼 수도 느낄 수도 없다. 우주의 풍요로움은 그들을 찾아 선물을 줄 수가 없다. 그들은 '지금'이 출석을 불러도 대답이 없다.

오늘, 지금 이 순간에 부재하는 실수를 계속 저지르지 말자. 지금까지 결석했다고 부끄러워할 필요는 없다. 그동안 함께 있어 주지 못한 사람들을 떠올리며 원통할 이유도 없다. 지금까지 놓친 순간을 인제 와서 어쩔 수는 없다. 우리가 사랑하고 이끄는 사람들에게 충실하지 못했다는 사실은 결코 되돌릴 수 없다. 아무리 가슴 아파하며 과거의 시간을 이어보려고 해도 소용없다. 지나간 시간은 돌아오지 않는다. 앞으로 그 슬픔의 무게를 더하지만 않으면 된다.

우리는 어제에 아무것도 더할 수 없다. 우리가 한 것과 하지 않은 것에 아무것도 붙이면 안 된다. 지나간 모든 순간은 사라져 버렸고 오직 우리 마음속의 이야기로만 남았다.

다른 사람들에게 앙심을 품어서도 안 된다. 세월이 흐르면서 우리가 느끼는 고립감을 그들도 똑같이 느꼈을 것이므로 그들을 비난하는 것은 우리 자신을 비난하는 것이기 때문이다. 우리가 필요로 한다는 것을 몰랐던 사람들도 있을 것이고 애초에 상관이 없었던 사람들도 있을 것이다. 이제 그런 것들은 전혀 중요하지 않다.

지금 중요한 것은 지금 여기 우리 앞에 있는 것들이다. 우리가 살고 정의하고 경험하기로 선택한 것들이다.

오늘 숨을 깊게 쉬면서 어제의 향기가 남아 있지 않다는 것을 알아차리자. 지금 이 순간에는 그저 새로움만 있을 뿐이다. 우리가 느끼고 탐험하기만을 기다리는, 가능성으로 가득한 하얀 빈 곳. 사랑스럽게 천천히 탐구하려는 의도와 기술로 다가가 보자.

모든 감각을 열어라

순간을 늦추려면 감각을 고조시켜야 한다. 더 많이 느끼려면 이미 여기에 있는 것을 더 많이 받아들이거나 더 깊이 느껴야 한다.

위기나 아름다운 순간에 시간이 느리게 흐르는 것 같은

생생한 경험을 해 본 적이 있을 것이다. 모퉁이를 돌자마자 사고를 목격했을 때, 사랑하는 사람의 죽음을 곁에서 지켰을 때, 청중석에서 자녀의 졸업을 흐뭇한 마음으로 지켜보았을 때. 이런 순간에는 우리의 의식이 고조되어 장면이 슬로모션으로 펼쳐진다. 시간을 늦춰주는 이 힘에 대해 안다면 우리가 원하는 대로 연출해서 시간과 인생을 느리게 경험할 수 있을 것이다.

우리는 본능적으로 환경을 감지한다. 우리는 매우 예민한 감각적 동물이다. 시각, 후각, 촉각, 미각, 청각은 이 순간의 흐름을 잡아당기고 확대하는 훌륭한 수신기로 사용할 수 있는 멋진 선물이다.

시간을 늦추는 것은 언제나 호흡으로 시작된다. 더 오래 더 깊이 숨을 들이쉴수록 우리 몸은 더 많은 산소를 공급받고 에너지가 더욱 커지고 현재에 머무를 수 있다. 대부분 사람은 호흡에 별다른 관심을 기울이지 않는다. 우리는 얕게 숨을 쉰다. 우리를 둘러싼 깊고 신선한 산소의 바다에서 멍하게 산소를 홀짝 마신다. 우리가 호흡을 이용하는 일은 무척 드물다. 기껏해야 불쾌하거나 힘을 너무 많이 썼을 때 씩

씩거리거나 헐떡이는 것뿐이다. 지금 이 순간 산소를 들이마시고 뇌로 보내 제대로 작동시켜야만 인생을 제대로 느낄 수 있다.

호흡의 리듬에 자신을 맞추고 숨을 깊고 길게 들이마시면 우리가 순간을 경험하는 방식에 즉각적이고도 놀라운 변화가 일어난다. 연설이나 공연을 하기 전에 이렇게 의식적인 호흡을 하면 좋다. 연인이나 친구와 불편한 대화를 나누기 전에도 마찬가지다. 가게에서 줄 서서 기다릴 때나 운동할 때, 책상에 앉아 있을 때도 숨을 들이쉴 때마다 삶을 느낄 수 있다는 사실을 기억하자.

우리는 이 순간의 호흡을 알아차려야 한다. 마치 커다란 풍선에 바람을 넣듯 배로 공기를 끌어들인다. 공기가 가슴까지 올라가는 것을 느낀 뒤에는 통제된 편안함으로 아주 부드럽게 빠져나가게 한다. 매 순간 숨쉬기는 매우 어려우며 어쩌면 불가능할 것이다. 우리의 무의식이 재빠르게 운전석을 차지하고 얕은 호흡으로 돌아갈 테니까. 하지만 시간을 늘리는 연습은 가능하다. 집중해서 호흡하는 연습을 하다 보면 점점 쉬워지고 어느새 자동으로 하게 된다. 현재에서 멀어지지 않기 위해 한 시간에 몇 번씩 호흡을 확인하자. 특별히 느끼고 기억하고 싶은 순간에는 더 자주 확인한다.

주변에 있는 것을 좀 더 자세하게 살펴보는 것으로도 시간의 속도를 늦출 수 있다. 주변 사물의 색깔, 질감, 위치를 주의 깊게 바라본다. 창밖의 나뭇가지가 바람에 따라 리듬을 타듯 움직이는 모습을 관찰한다. 아기의 보들보들한 피부를 관찰하고 만지고 아기의 표정을 따라 해 본다. 하늘에서 구름이 느릿느릿 흥미로운 모양을 이루는 것을 바라볼수도 있다. 접시에 놓인 생기 넘치는 초록색과 오렌지빛의 음식이 예술적으로 배치된 것도 관찰한다. 이런 행동은 전혀 서두를 필요가 없다. 경쟁이 아니니까. 사냥감을 노리는 포식자가 주변을 훑는 것처럼 전혀 서두르지 않아도 된다. 순간을 음미하는 것이 목적이다. 잠시 멈추어 우리 앞에 뭐가 있는지 본다.

흑백의 삶에 생생한 색을 가져다주는 것은 호기심 어린, 서두르지 않는 눈이다.

우리는 촉각을 고조시킴으로써 시간을 늦출 수 있다. 순간을 물질적으로 느끼는 것이다. 우리는 주변의 것들을 만져야 한다. 손으로 잡아서 들어 올려 이리저리 돌려보고 크기와 질감, 디테일을 살핀다. 연인에게 키스할 때 마지막 키스인 것처럼 입술을 찬찬히 느껴본다. 걸을 때도 순간에 집중하면서 걷는다. 뒤꿈치와 발가락들이 땅에 닿는 것을 느낀다. 우리의 피부는 삶을 제대로 느끼고 진정한 쾌락을 느낄 수 있는 열쇠나 마찬가지다.

지금 무슨 소리가 들리는가? 우리는 삶에서 들리는 소리에 주의를 기울이지 않는 경우가 많다. 귀에 들려오는 소리를 사랑해야 한다. 자동차가 지나가는 소리, 되새가 자작나무에 앉아 지저귀는 소리, 우리에게 말을 거는 아름답고 특별한 목소리. 시간의 속도를 늦추고 삶을 즐기려면 우리 주변 세상이 연주하는 음악을 즐겨야 한다. 짜증을 일으키는 소리를 끌 수는 없지만 일부 소리를 줄이는 것과 모든 소리를 다 꺼버리는 것은 완전히 다르다.

마지막으로 바쁘게 돌아가는 세상에서 미각처럼 완전히 무시당하는 감각도 없다. 사람들이 굶주린 하이에나처럼 허겁지겁 먹는 문화가 만들어졌다. 음식이 입안에 잠시도 머무르지 않는다. 질감과 끝 맛을 음미하지 않는다. 음식을 제대로 음미하면서 먹지 않기에 마지막 식사로 무엇을 먹었는지 기억하지 못하는 사람들도 많다. 음식을 급하게 마시듯 먹어버리는 것이 아니라 음식이 우리 삶에 영양과 기쁨, 연결을 가져다주는 의미 있는 것이었던 품격 있는 시절로 돌아가야 한다. 우리가 먹는 음식 자체에서 즐거움을 느껴보자. 우리 몸에 진정한 즐거움과 건강을 가져다주지 않는 음식은 내려놓자.

시간을 늦추는 방법은 아주 간단하다. 현재에 머물며 감각을 많이 알아차릴수록 시간은 더 천천히 흐르고 우리의 마음에는 생생한 기쁨의 기억이 차곡차곡 늘어난다. 삶은 더 많은 감사로 넘치고 우리의 영혼은 더욱 살찐다.

의식적으로 시간의 속도를 늦춰라

감각을 이용해 시간을 느리게 하지 못하는 사람들이 있

다면 시간의 흐름이 자동으로 느려진 것을 느꼈던 순간을 상기시켜 주자.

- "작업을 하는 도중에 완전히 몰입해서 세상이 나를 중심으로 좁아지는 느낌을 받은 적이 있어?"
- "연인의 체취를 맡았을 때 시간이 멈춘 듯한 느낌이 들었던 순간을 기억해?"
- "네가 준비한 선물을 받고 포장을 푸는 그의 얼굴을 보았을 때를 기억해? 순간적으로 얼굴에 미소가 피어났는데도 그 순간은 시간이 멈춘 듯 느리게 느껴졌을 거야. 지금 마음속으로 그 순간을 다시 떠올려 보면 마치 시간이 지날수록 그 미소가 더 오래도록 남고 반짝임이 영원할 것처럼 느껴지지!"
- "괴로움으로 가득한 친구의 이야기를 들어주다가 그 고통이 생생하게 전해져서 시간이 멈춘 것 같은 느낌을 받은 적이 있어?"
- "초원이나 숲이나 모래밭으로 가서 자연 풍경을 바라보는 순간, 그 광활하고 마법 같은 힘에 숨이 턱 막히고 마치 자연과 하나가 된 것처럼 느꼈던 적이 있어?"
- "정말 맛있는 음식을 한 입 한 입 음미하며 먹으면서 이 식사가 영원히 끝나지 않고 그 맛이 사라지지 않았으면 좋겠다고 생각한 적 있어?"

- "오랫동안 기다렸던 콘서트에서 음악을 듣는 순간 귀 안의 맥박 소리와 심장 소리가 하나 되어 울려 퍼지는 것 같았던 경험이 있어?"

마치 우리가 시간을 잠깐 멈추는 버튼을 누르고 시간을 초월한, 아름답고 의미 있는 무언가를 감지할 수 있는 느낌이었을 것이다. 하지만 이런 순간들을 꼭 드물게 경험해야 한다는 법은 없다.

일상적인 경험에도 마법이 들어있다. 그 마법은 신비롭다기보다는 시간의 속도를 늦춰서 그 순간에 우리의 감각을 고조하는 매우 의식적인 특징을 띤다.

의식은 인간이 시간에 대해 쓸 수 있는 최고의 무기다. 우리에게 시간을 늘릴 수 있는 능력이 있다는 사실을 기억하자. 우리에게는 시간의 속도를 늦추고 그 속으로 들어가서 우리를 둘러싼 소용돌이를 느낄 수 있는 특별한 능력이 있다. 의지와 동기부여라는 힘과 함께, 감각을 고조하고 경험을 고양하는 능력은 진부함을 무찌르고 진정으로 자유롭고 활기찬 삶을 살도록 도와줄 것이다.

지금 이 순간, 딱 두 박자만 더

—

만약 우리가 아주 조금만 더 감각을 증폭한다면 우리의 인생과 인간관계에는 어떤 변화가 생길까? 지금 어디에서 무엇을 하고 있어야 하는지는 잠시 잊어버리자. 이 순간을 딱 두 박자만 더 잡아 두자.

방 안을 훑어보지 말자. 방 안의 모든 그늘과 구석을 두 박자 더 바라보면서 방을 느끼자.

그녀를 흘낏 보지 말자. 눈을 들여다보면서 두 박자 더 그러고 있자.

음식을 꿀꺽꿀꺽 밀어 넣지 말고 한 입 한 입 음미하자. 입안에서 녹이며 맛을 오래도록 느끼자.

딱딱한 쪽지를 보내지 말고 다시 한번 읽어본다. 상대가 읽고 상처받지 않을지 두 박자 더 생각해 보자.

정신이 하나도 없는 상태로 급하게 집을 나서면서 작별 키스를 건성으로 하지 말자. 입술에 꾹 확고하고 진정성 있게 키스하고 두 박자 더 그 순간을 열정적으로 붙들고 있자.

우리가 들고 있는 시간만큼 우리가 살 수 있는 인생도 길어진다. 두 박자는 이내 네 박자가 되고 네 박자는 곧 여덟 박자가 된다. 마침내 우리는 삶을 제대로 경험하는 기술을 얻게 된다. 어느새 위대함으로 나아가는 길에서 느끼는 모든 감정을 음미하며 진정한 순간을 만들고, '지금'이라는 무한하고 신성한 자유 속에서 기쁨의 대가로 살아가는 법을 깨우칠 것이다.